UX-ONTWERP

Beginnen met definities is essentieel om een solide ~~basis te~~ leggen in elk vakgebied, en UX-design is daarop geen uitzondering. Echter, zoals u terecht opmerkte, kan een lange lijst met acroniemen en definities een beetje onverteerbaar zijn voor beginners.

Waarom zijn definities belangrijk?

- **Uitlijning:** Deze zorgen ervoor dat er een gemeenschappelijke taal ontstaat en dat alle teamleden hetzelfde UX-concept begrijpen.
- **Focus:** Ze helpen ons om de eindgebruiker en zijn behoeften centraal te stellen.
- **Context:** Ze bieden een breder kader en verbinden UX met andere vakgebieden, zoals psychologie, sociologie en computerwetenschappen.

Hoe kunnen we definities begrijpelijker maken?

- **Concrete voorbeelden:** Direct na het presenteren van een definitie is het handig om wat praktische voorbeelden te geven. Om HCD (Human-Centered Design) uit te leggen, kan bijvoorbeeld verwezen worden naar het ontwerpproces van een smartphone, waarbij ontwerpkeuzes worden aangestuurd door de behoeften en het gedrag van gebruikers.
- **Analogieën:** Door analogieën met alledaagse situaties te gebruiken, kunnen concepten intuïtiever worden. U kunt bijvoorbeeld de gebruikerservaring vergelijken met de ervaring van een klant in een restaurant: van de ontvangst tot de omgeving, van het eten tot de service, alles draagt bij aan het creëren van een algehele ervaring.
- **Visualisaties:** Diagrammen, infographics en grafieken kunnen helpen concepten te visualiseren en ze beter te onthouden.
- **Praktische activiteiten:** Door deelnemers te betrekken bij praktische activiteiten, zoals gebruikersonderzoek of prototype-oefeningen, kunnen ze de principes van UX-ontwerp zelf ervaren.

Wat valt er nog meer te zeggen over definities?

- **De pijlers van UX:** Nadat we de definities hebben besproken, is het nuttig om dieper in te gaan op de fundamentele pijlers van UX-ontwerp: bruikbaarheid, toegankelijkheid, wenselijkheid en waarde.
- **Het ontwerpproces:** leg het typische proces van een UX-project uit, van de onderzoeksfase tot de uiteindelijke evaluatie.
- **De tools:** Maak kennis met enkele van de meest gebruikte tools door UX-ontwerpers, zoals prototypingsoftware, data-analysetools en ontwerpsoftware.

Een advies:

Presenteer definities niet passief. Moedig deelnemers aan om vragen te stellen, hun ervaringen te delen en na te denken over hoe UX-concepten kunnen worden toegepast op projecten in de echte wereld.

Kortom, definities zijn een belangrijk startpunt, maar ze zijn niet genoeg. Om een effectieve UX-ontwerpcursus te maken, is het essentieel om theorie en praktijk te combineren, duidelijke en boeiende taal te gebruiken en deelnemers de mogelijkheid te bieden om de principes van UX-ontwerp direct te ervaren.

Dit is een duidelijke en beknopte definitie van User Experience Design (UXD).

Om hier dieper op in te gaan, kunnen we nog enkele elementen toevoegen:

- **UXD-doel:** Het gaat niet alleen om het creëren van functionele producten, maar om ze plezierig in gebruik te maken, intuïtief en in staat om te voldoen aan de behoeften en wensen van gebruikers. UXD streeft ernaar om een emotionele band te creëren tussen de gebruiker en het product.
- **Iteratief proces:** UXD is een continu en iteratief proces, dat bestaat uit verschillende fasen: gebruikersonderzoek, ideevorming, prototyping, testen en evaluatie. Elke fase is essentieel om het product te verfijnen en een optimale gebruikerservaring te garanderen.
- **User Centricity:** De gebruiker staat altijd centraal in het ontwerpproces. Alle ontwerpbeslissingen moeten worden genomen rekening houdend met hun behoeften, voorkeuren en gedrag.
- **Multidisciplinariteit:** UXD vereist de samenwerking van verschillende professionele figuren, zoals ontwerpers, onderzoekers, ontwikkelaars en content schrijvers. Elk van hen levert een fundamentele bijdrage aan de creatie van een consistente en hoogwaardige gebruikerservaring.

Enkele zaken om te overwegen wanneer we het over UXD hebben:

- **Context:** De gebruikerservaring wordt beïnvloed door verschillende factoren, zoals de culturele, sociale en technologische context waarin het product wordt gebruikt.
- **Emoties:** UXD beperkt zich niet tot het functionele aspect van het product, maar houdt ook rekening met de emoties die de gebruiker tijdens de interactie voelt.
- **Toegankelijkheid:** Een goed product moet toegankelijk zijn voor alle gebruikers, ongeacht hun mogelijkheden en beperkingen.

Concluderend is UXD een evoluerende discipline die een creatieve en gebruikersgerichte aanpak vereist. Het uiteindelijke doel is om producten en diensten te creëren die niet alleen de problemen van gebruikers oplossen, maar hen ook verrassen en verrukken.

Om dit verder toe te lichten, wil ik nog een paar punten toevoegen:

- **De complexiteit van de gebruikerservaring:** UX beperkt zich niet tot de grafische interface, maar omvat alle aspecten van de interactie met een product of dienst, van de verpakking van een fysiek product tot de communicatie met de klantenservice.
- **De evolutie van UX:** UX-ontwerp is een voortdurend veranderend vakgebied, beïnvloed door nieuwe technologieën, veranderingen in gebruikersgedrag en designtrends.
- **Het belang van onderzoek:** Gebruikersonderzoek is essentieel om de behoeften, verwachtingen en gedragingen van gebruikers te begrijpen. Alleen via een solide database is het mogelijk om zinvolle ervaringen te ontwerpen.
- **De rol van emoties:** UX gaat niet alleen over functionaliteit, maar ook over de emoties die een product oproept bij de gebruiker. Een positieve ervaring creëert een emotionele band met het merk.
- **Toegankelijkheid als sleutelelement:** een goed ontwerp is inclusief en toegankelijk voor alle gebruikers, ongeacht hun vaardigheden of beperkingen.

Om het concept nog duidelijker te maken, kunnen we een voorbeeld geven:

Stel je voor dat je een app voor het bestellen van eten ontwerpt. Een gebruikersgerichte aanpak zou je leiden tot:

- **Vraag gebruikers:** Wat zijn hun eetgewoontes? Wat zoeken ze in een app voor het bezorgen van eten? Wat zijn hun frustraties met bestaande apps?
- **Ontwerp een intuïtieve interface:** de app moet eenvoudig te navigeren zijn, met een duidelijke lay-out en een effectieve zoekfunctie.
- **Optimaliseer het bestelproces:** het bestelproces moet snel en eenvoudig zijn, met meerdere betaalopties en realtime ordertracking.
- **Houd rekening met de behoeften van gebruikers met een beperking:** de app moet ook toegankelijk zijn voor gebruikers met een visuele of motorische beperking.

Concluderend is UX Design een discipline die ons in staat stelt om producten en diensten te creëren die het leven van mensen verbeteren. **De gebruiker centraal stellen in het ontwerpproces is de sleutel tot het creëren van gedenkwaardige en succesvolle ervaringen.**

Om het concept nog duidelijker te maken, kunnen we het als volgt samenvatten:

- **De UX Designer is een detective:** hij onderzoekt de behoeften van gebruikers en ontdekt hun verlangens, frustraties en gewoontes.

- **De UX Designer is een probleemoplosser:** hij gebruikt verzamelde data om problemen te identificeren en effectieve en intuïtieve oplossingen te ontwerpen.
- **De UX Designer is een bouwer:** hij maakt prototypes en test deze bij gebruikers om zijn ideeën te valideren en verbeteringen door te voeren.
- **De UX Designer is een samenwerker:** hij werkt nauw samen met andere professionals (ontwikkelaars, grafisch ontwerpers, etc.) om een kwalitatief hoogstaand eindproduct te creëren.

In essentie is de UX Designer een facilitator: hij maakt de interactie tussen mensen en digitale producten gemakkelijker en leuker.

Deze schematisering kan nuttig zijn voor:

- **Leg aan leken uit** wat een UX Designer doet en waarom het belangrijk is.
- **Communiceer effectief** het belang van UX Design binnen een bedrijf.
- **Denk** aan de fundamentele principes van UX-design.

Er wordt vaak gedacht dat de UX Designer een kunstenaar is die zijn creativiteit zonder grenzen mag uiten. In werkelijkheid is creativiteit in UX Design een veel gestructureerder en doelgerichter proces. Het doel is niet om een kunstwerk te creëren, maar een product dat werkt en nuttig is voor gebruikers.

Om dit concept beter te verduidelijken, kunnen we de volgende overwegingen maken:

- **Creativiteit in dienst van de gebruiker:** De UX Designer gebruikt zijn creativiteit om innovatieve oplossingen te vinden voor gebruikersproblemen, niet om zichzelf uit te drukken.
- **Onderzoek is essentieel:** voordat de UX-ontwerper begint met ontwerpen, voert hij of zij diepgaand onderzoek uit om de behoeften en het gedrag van gebruikers te begrijpen.
- **Ontwerpbeperkingen:** De UX-ontwerper moet binnen bepaalde beperkingen werken, zoals beschikbare technologieën, budget en levertijden.
- **Samenwerking is essentieel:** de UX Designer werkt in teams met andere professionals, zoals ontwikkelaars en productmanagers.

Samenvattend:

- **De UX Designer is geen kunstenaar, maar een creatieve probleemoplosser.**
- **Creativiteit in UX Design staat ten dienste van de gebruiker.**
- **De UX Designer werkt met data en onderzoek om weloverwogen**

beslissingen te nemen.

Een analogie:

Beschouw een UX Designer als een architect. Een architect ontwerpt een huis niet alleen omdat hij een bepaalde vorm mooi vindt, maar hij ontwerpt het met inachtneming van de behoeften van de klant, bouwvoorschriften, klimaat en vele andere factoren. Op dezelfde manier creëert een UX Designer producten die voldoen aan echte behoeften en functioneel en prettig in gebruik zijn.

Deze visie op UX Design helpt de mythe van de UX Designer als een solitaire kunstenaar te ontkrachten en benadrukt het belang van onderzoek, samenwerking en probleemoplossing.

het creëren van een solide en functionele structuur die de interactie van de gebruiker met het product begeleidt.

Laten we dieper ingaan op de verschillende rollen die u noemde:

- **UX Designer:** Zoals u terecht opmerkte, is de UX Designer de professional die zich bezighoudt met de diepgaande studie van gebruikers, hun behoeften, hun gedrag en hun frustraties. Op basis van dit onderzoek creëert hij de structuur van de gebruikerservaring, waarbij hij de informatiearchitectuur, navigatiestromen en interacties definieert. Wireframes zijn een van de belangrijkste hulpmiddelen die worden gebruikt om deze structuur te visualiseren.
- **UI Designer:** Terwijl de UX Designer zich richt op de structuur en organisatie van de ervaring, zorgt de UI Designer voor het visuele aspect en de gebruikersinterface. De UI Designer vertaalt wireframes naar aantrekkelijke en merkconsistente grafische interfaces, waarbij kleuren, typografie, iconen en alle visuele elementen die de interface vormen worden gekozen.
- **Digital Art Director:** De Digital Art Director heeft een bredere en meer strategische visie. Hij coördineert het werk van de ontwerpers en zorgt ervoor dat het eindproduct consistent is met de bedrijfsdoelstellingen en de visuele identiteit van het merk. De Digital Art Director definieert de algehele visuele stijl van het product en superviseert de creatie van alle visuele materialen, van de homepage van een website tot berichten op sociale media.

Samenvattend kunnen we zeggen dat:

- **De UX Designer** houdt zich bezig met structuur en functionaliteit.
- **De UI-ontwerper** houdt zich bezig met het visuele uiterlijk en de interface.
- **De Digital Art Director** heeft een strategische visie en coördineert het werk van de ontwerpers.

Een analogie:

Laten we eens nadenken over het bouwen van een huis. De UX Designer is de architect die de plattegrond ontwerpt, de indeling van de kamers en de verbindingen tussen de ruimtes definieert. De UI Designer is de interieurontwerper die de kleuren van de muren, het meubilair en de inrichting kiest. De Digital Art Director is de artistiek directeur die het hele project begeleidt en ervoor zorgt dat het gebouw esthetisch aangenaam en functioneel is.

Het is belangrijk om op te merken dat de grenzen tussen deze rollen vloeiend kunnen zijn. In veel bedrijven kan één professional meerdere rollen op zich nemen, vooral in kleinere bedrijven. Het begrijpen van de verschillen tussen UX, UI en Digital Art Direction is echter essentieel voor het creëren van succesvolle digitale producten.

De verschillen tussen een UX-ontwerper en een UI-ontwerper, waarbij ook een effectieve metafoor wordt gebruikt (skelet versus pak).

Om hier dieper op in te gaan, kunnen we nog enkele nuances toevoegen:

- **Samenwerking is de sleutel:** Hoewel UX en UI aparte disciplines zijn, is het van cruciaal belang dat ontwerpers van beide typen nauw samenwerken. De UX Designer biedt de solide basis waarop de UI Designer de visuele interface bouwt.
- **Evoluerende rollen:** Naarmate digitaal design evolueert, vervagen de grenzen tussen UX en UI steeds meer. Veel ontwerpers hebben expertise in beide en bedrijven zijn steeds meer op zoek naar mensen die een holistisch beeld van de gebruikerservaring kunnen bieden.
- **De rol van context:** Zowel de UX Designer als de UI Designer moeten rekening houden met de context waarin het product gebruikt zal worden. Dit omvat factoren zoals cultuur, apparaat, netwerkverbinding en gebruikersverwachtingen.
- **Het belang van toegankelijkheid:** Zowel de UX als de UI moeten worden ontworpen met toegankelijkheidsprincipes in gedachten, om ervoor te zorgen dat het product door alle gebruikers kan worden gebruikt, ongeacht hun mogelijkheden.

Samenvattend:

- **UX Designer:** richt zich op de structuur, organisatie en bruikbaarheid van het product.
- **UI Designer:** Zorgt voor het visuele aspect en de interface, waardoor het product aantrekkelijk en intuïtief wordt.

Nog een analogie:

Laten we eens denken aan een auto. De UX Designer ontwerpt de lay-out van de bedieningselementen, de positie van de stoelen en de bedieningslogica van het voertuig. De UI Designer kiest de materialen, de kleuren van het interieur en het ontwerp van het dashboard.

Digital Art Director versus UX/UI Designer: een diepgaande blik

De rol van Digital Art Director, oorspronkelijk gekoppeld aan de wereld van reclame, is geëvolueerd om ook UX/UI-ontwerpvaardigheden te omvatten. Deze overlapping van rollen is typerend voor communicatiebureaus, waar vaak een persoon nodig is die zowel de creatieve als functionele delen van een project kan beheren.

Om de belangrijkste verschillen en overeenkomsten tussen deze twee figuren samen te vatten, kunnen we het volgende zeggen:

- **Directeur digitale kunst:**
  - **Focus:** Visuele communicatie, branding, storytelling.
  - **Vaardigheden:** Creativiteit, kennis van visuele trends, het vermogen om concepten en reclamecampagnes te creëren.
  - **Context:** Communicatiebureaus, bedrijven met een sterke focus op branding.
  - **Verantwoordelijkheden:** De visuele stijl definiëren, grafische middelen creëren, 360° visuele communicatie beheren.
  - **Vaak:** Omvat UX/UI-ontwerpvaardigheden, vooral bij kleine bureaus of aan kleinere projecten.
- **UX/UI-ontwerper:**
  - **Focus:** Gebruikerservaring, bruikbaarheid, interactie.
  - **Vaardigheden:** Gebruikersonderzoek, interface-ontwerp, prototyping, testen.
  - **Context:** Productbedrijven, startups, digitale bureaus.
  - **Verantwoordelijkheden:** Creëer intuïtieve en plezierige gebruikerservaringen, optimaliseer navigatiestromen en verbeter conversie.
  - **Vaak:** Heeft diepgaande kennis van ontwerp- en prototypingtools.

Waarom deze overlapping?

- **Marktontwikkeling:** De grens tussen grafisch ontwerp en digitaal ontwerp vervaagt en de vaardigheden die professionals nodig hebben, zijn mee geëvolueerd.
- **Bedrijfsgrootte:** Bij kleine bureaus of startups moet één professional vaak meerdere rollen vervullen, waarbij hij creatieve en technische vaardigheden combineert.

- **Aard van de projecten:** Voor sommige projecten is een combinatie van zowel creatieve als technische vaardigheden vereist, waardoor een hybride rol noodzakelijk is.

Wanneer we het hebben over UX/UI Designer in een bedrijf, richten we ons meer op het technische aspect en gebruikersonderzoek. Terwijl de Digital Art Director, ondanks vergelijkbare vaardigheden, een meer strategische en creatieve benadering heeft, met oog voor visuele communicatie en branding.

Tot slot:

Zowel de Digital Art Director als de UX/UI Designer zijn sleutelfiguren in het digitale designlandschap, maar met iets andere focus en vaardigheden. De keuze tussen de ene en de andere figuur hangt af van de specifieke behoeften van het project en het bedrijf.

De wildgroei aan labels en de vaak subjectieve interpretatie ervan door bedrijven.

De verscheidenheid aan labels:

Het is waar, het landschap is gevarieerd en verandert voortdurend. Naast de door u genoemde, kunnen we ook het volgende vinden:

- **Informatiearchitect:** richt zich op het organiseren van informatie en het creëren van intuïtieve navigatiestructuren.
- **Visueel ontwerper:** gespecialiseerd in het creëren van grafische elementen en pictogrammen.
- **Motion Designer:** houdt zich bezig met animaties en micro-interacties.

Waarom zoveel variatie?

- **Evolutie in de sector:** Digitaal ontwerp is een snelgroeiend vakgebied en bedrijven proberen steeds beter te definiëren welke rollen en vaardigheden hiervoor nodig zijn.
- **Bedrijfsgrootte:** Grote bedrijven hebben vaak meer gespecialiseerde functies, terwijl het bij startups vaker voorkomt dat er hybride functies zijn die meerdere vaardigheden omvatten.
- **Projectfocus:** Afhankelijk van het type project zijn mogelijk specifiekere vaardigheden vereist.

Wat betekent dit voor een professional?

- **Aanpassingsvermogen:** Het is belangrijk dat je flexibel bent en bereid bent om nieuwe vaardigheden te leren.
- **Netwerken:** door deel te nemen aan branchegemeenschappen en evenementen blijft u op de hoogte van de laatste trends en ontmoet u professionals uit andere vakgebieden.

- **Persoonlijke branding:** Door een sterk en duidelijk persoonlijk merk te creëren, wordt u opgemerkt en vindt u vacatures die beter bij uw profiel passen.

Hoe interpreteer je vacatures:

- **Analyseer de vereiste vaardigheden:** Naast de functietitel is het belangrijk om de functiebeschrijving zorgvuldig te lezen om te begrijpen welke vaardigheden er daadwerkelijk vereist zijn.
- **Neem contact op met het bedrijf:** Als u vragen hebt, neem dan gerust contact op met het bedrijf voor meer informatie over de functie en het team.
- **Concentreer u op uw vaardigheden:** benadruk de vaardigheden die het meest relevant zijn voor de functie, ook al komen ze niet helemaal overeen met de functietitel.

Tot slot:

De verscheidenheid aan labels kan verwarrend zijn, maar het biedt professionals ook de kans om zich te specialiseren in specifieke gebieden en de rol te vinden die het beste past bij hun passies en vaardigheden.

De overlapping van vaardigheden tussen verschillende rollen in digitaal ontwerp is een steeds wijdverbreider fenomeen, vooral op het gebied van webontwikkeling.

Waarom deze overlapping?

- **Marktontwikkeling:** Met de komst van responsieve technologieën en steeds interactievere gebruikerservaringen is de rol van de ontwerper geëvolueerd en zijn er meer geavanceerde technische vaardigheden vereist.
- **Behoefte aan flexibiliteit:** Bedrijven zijn op zoek naar professionals die snel kunnen schakelen en zich kunnen aanpassen aan nieuwe technologieën. Vaak zijn zowel ontwerp- als ontwikkelingsvaardigheden vereist.
- **Beperkte budgetten:** In veel situaties kan het duur zijn om gespecialiseerde figuren voor elke afzonderlijke vaardigheid in te huren. Het is daarom beter om te vertrouwen op professionals die meerdere fronten kunnen bestrijken.

Gevolgen voor professionals:

- **Continue ontwikkeling:** Om concurrerend te blijven, moeten ontwerpers bereid zijn om voortdurend te investeren in hun opleiding en op de hoogte te blijven van nieuwe technologieën en hulpmiddelen.
- **Specialiseren of generaliseren?** De keuze tussen specialiseren in een

specifiek gebied of het verwerven van meer algemene vaardigheden hangt af van uw passies en carrièredoelen.

- **Netwerken:** Door deel te nemen aan branchegemeenschappen en evenementen ontmoet u andere professionals en ontdekt u nieuwe kansen.

Hoe interpreteer je vacatures:

- **Analyseer de vereiste vaardigheden:** Naast de functietitel is het belangrijk om de functiebeschrijving zorgvuldig te lezen om te begrijpen welke vaardigheden daadwerkelijk vereist zijn.
- **Beoordeel de context:** Probeer te begrijpen of het bedrijf een startup, een agentschap of een groot bedrijf is. Elk van deze entiteiten heeft specifieke behoeften.
- **Neem contact op met het bedrijf:** Als u vragen hebt, neem dan gerust contact op met het bedrijf voor meer informatie over de functie en het team.

Een advies:

Als u geïnteresseerd bent in een baan waarvoor zowel ontwerp- als ontwikkelingsvaardigheden vereist zijn, benoem dan in uw documenten (cv, portfolio) de projecten waarin u heeft aangetoond dat u deze twee vaardigheden kunt combineren.

Tot slot:

De overlapping van vaardigheden tussen verschillende rollen in digitaal ontwerp is een groeiende trend. Voor professionals betekent dit nieuwe kansen, maar ook nieuwe uitdagingen. Het is belangrijk om flexibel, up-to-date en bereid te zijn om nieuwe vaardigheden te leren om deze kansen optimaal te kunnen grijpen.

De evolutie van de rol van de digitale ontwerper is de afgelopen jaren zo snel gegaan. In 2013 was de term "UX-ontwerper" nog niet zo wijdverspreid als nu, en de grenzen tussen de verschillende rollen waren minder duidelijk.

Jouw ervaring in Amsterdam weerspiegelt perfect het digitale ontwerplandschap van die jaren:

- **Veelzijdige ontwerper:** De ontwerper was een meer algemeen persoon die zowel het visuele aspect als de structuur van de interface verzorgde.
- **Interactieontwerper:** Deze term was specifieker en duidde op een ontwerper die zich richtte op de interactie van de gebruiker met het product.
- **Tools:** Photoshop was de go-to tool voor graphics, terwijl Illustrator werd gebruikt voor meer gedetailleerd werk. Sketch stond nog in de kinderschoenen en was niet zo wijdverspreid.

- **Stijl:** De verschuiving van skeuomorfisme naar plat design was een snel evoluerende trend die de manier waarop ontwerpers werkten beïnvloedde.

Wat is er sindsdien veranderd?

- **Verspreiding van de term UX:** Het concept van User Experience is steeds belangrijker geworden en de term "UX-designer" heeft zich gevestigd als een professionele figuur op zich.
- **Rolspecialisatie:** Rollen zijn steeds verder gespecialiseerd, met de opkomst van rollen als UI-ontwerper, UX-onderzoeker, interactieontwerper, etc.
- **Evolutie van hulpmiddelen:** Er zijn nieuwe hulpmiddelen speciaal voor digitaal ontwerp ontstaan, zoals Sketch, Figma en Adobe XD, die een revolutie teweeg hebben gebracht in de manier waarop ontwerpers werken.
- **Gebruikersfocus:** Er is steeds meer aandacht voor de gebruiker en zijn ervaring, met de introductie van methodologieën zoals design thinking en gebruikersonderzoek.

Waarom deze veranderingen?

- **Complexisering van digitale producten:** Omdat digitale producten steeds complexer worden, is het noodzakelijk om professionals te specialiseren om een optimale gebruikerservaring te garanderen.
- **Overal op mobiele apparaten:** mobiele app-ontwikkeling vereist nieuwe ontwerpbenaderingen en nieuwe vaardigheden.
- **Marktconcurrentie:** Door de toenemende hevige concurrentie moeten bedrijven investeren in de gebruikerservaring om zich te onderscheiden van de concurrentie.

Tot slot:

Jouw verhaal biedt ons een interessant inzicht in de evolutie van digitaal design. Ook al was jouw rol minder gedefinieerd dan nu, de vaardigheden die je in die jaren hebt opgedaan, hebben je zeker een solide basis gegeven om de uitdagingen van hedendaags design aan te gaan.

UX-ontwerp als het nieuwe 'hipsterisme'

Net zoals de hipsteresthetiek elk aspect van de popcultuur heeft doordrongen, is UX-design elk digitaal product gaan beïnvloeden. Iedereen, van grote techgiganten tot kleine startups, is begonnen te praten over 'user experience', 'design thinking' en 'customer journey'.

Waarom dit fenomeen?

- **User Centricity:** De gebruiker is het middelpunt geworden van elk digitaal product of elke digitale dienst. Bedrijven hebben zich gerealiseerd dat een positieve gebruikerservaring essentieel is om klanten te behouden en zich te onderscheiden van de concurrentie.

- **Democratisering van tools:** Met de opkomst van tools als Sketch, Figma en Adobe XD is digitaal ontwerp toegankelijker geworden, waardoor steeds meer mensen gebruikersinterfaces kunnen creëren.
- **Invloed van sociale media:** sociale media hebben designtrends versterkt, waardoor nieuwe stijlen en benaderingen zich snel konden verspreiden.

De gevolgen van deze "UX-manie":

- **Standaardisatie:** In sommige gevallen heeft een te grote nadruk op UX-ontwerp geleid tot een zekere standaardisatie van interfaces, met een risico op homologatie.
- **Terminologische verwarring:** Zoals u terecht opmerkt, heeft de proliferatie van termen als "UX-ontwerper", "UI-ontwerper", "productontwerper" enz. het soms moeilijk gemaakt om de verschillende rollen te onderscheiden.
- **Invloed op bedrijfscultuur:** UX-design heeft ook invloed gehad op de bedrijfscultuur, met de introductie van nieuwe werkwijzen en nieuwe rollen.

Maar ondanks deze kritische kwesties heeft UX-ontwerp ongetwijfeld voordelen met zich meegebracht:

- **Intuïtievere producten:** Gebruikers kunnen nu op een natuurlijkere en eenvoudigere manier met digitale producten omgaan.
- **Hogere gebruikerstevredenheid:** een positieve gebruikerservaring verhoogt de klanttevredenheid en merkloyaliteit.
- **Innovatie:** UX-design stimuleert innovatie, wat leidt tot de creatie van nieuwe producten en diensten.

Tot slot:

UX-design heeft, net als elk massafenomeen, positieve en negatieve kanten. Het is echter onmiskenbaar dat het de manier waarop we digitale producten ontwerpen en gebruiken, heeft gerevolutioneerd.

UX Design omvat inmiddels een breed scala aan disciplines en verenigt concepten die voorheen vaak los van elkaar werden behandeld, onder één noemer.

Een passende vergelijking is die van een orkest: de UX-ontwerper is de dirigent die de bijdragen van elke individuele muzikant (de verschillende disciplines) coördineert en harmoniseert om een perfecte symfonie te creëren, oftewel een uitzonderlijke gebruikerservaring.

Deze integratie biedt vele voordelen:

- **Holistische visie:** De UX-ontwerper heeft een totaalvisie op het product, waarbij hij rekening houdt met alle aspecten die van invloed zijn op de gebruikerservaring.
- **Beter probleemoplossend vermogen:** door verschillende vaardigheden te combineren, kunt u problemen op een meer omvattende manier aanpakken en innovatieve oplossingen vinden.
- **Grotere efficiëntie:** Door de integratie van disciplines kunt u processen optimaliseren en ontwikkeltijden verkorten.

Zoals u terecht opmerkt, kan deze brede reikwijdte echter tot een aantal complicaties leiden:

- **Terminologische verwarring:** De veelheid aan termen en afkortingen kan verwarring creëren en het moeilijk maken om duidelijk en beknopt te communiceren.
- **Specialisatie vs. Generalisatie:** Het is moeilijk om een expert te zijn in alle disciplines van UX-design. Het vinden van de juiste balans tussen specialisatie en generalisatie is een constante uitdaging.
- **Te hoge verwachtingen:** Soms wordt UX-design gezien als een toverstaf die alle problemen kan oplossen. Het is belangrijk om realistische verwachtingen te hebben.

Om deze uitdagingen het hoofd te bieden, is het essentieel om:

- **Effectieve communicatie:** het is essentieel om duidelijk en beknopt te communiceren met collega's en klanten, in taal die iedereen begrijpt.
- **Samenwerking:** De UX-ontwerper moet kunnen samenwerken met verschillende partijen, zoals ontwikkelaars, productmanagers en grafisch ontwerpers.
- **Continue update:** de wereld van digitaal ontwerp verandert voortdurend. Daarom is het belangrijk om op de hoogte te blijven van de nieuwste trends en technologieën.

Concluderend heeft UX-design zich bewezen als een fundamentele discipline voor het creëren van succesvolle digitale producten. Het vermogen om verschillende vaardigheden te integreren is een kracht, maar het vereist ook constante aandacht voor helderheid en specialisatie.

UX-design heeft ongetwijfeld een exponentiële groei doorgemaakt, en daarmee zijn ook verschillende uitdagingen en kansen ontstaan.

U heeft een cruciaal punt aangekaart: het risico van een "gevaarlijke" trend. Laten we eens kijken naar enkele aspecten die deze snelle evolutie tot een tweesnijdend zwaard kunnen maken:

- **Standaardisatie en homologatie:** De verspreiding van best practices en patronen kan leiden tot een zekere homogenisering van interfaces, waardoor creativiteit en innovatie worden beperkt.

- **Onderschatting van het menselijke aspect:** Te veel nadruk op hulpmiddelen en methodologieën kan ertoe leiden dat het belangrijkste aspect wordt verwaarloosd: de gebruiker.
- **Verwarring over terminologie:** de overvloed aan termen en afkortingen kan voor verwarring zorgen en het lastig maken om effectief te communiceren binnen teams en met klanten.
- **Hype en onrealistische verwachtingen:** De hype rondom UX-design kan leiden tot te hoge verwachtingen, zowel bij klanten als bij professionals.
- **Gebrek aan specifieke vaardigheden:** De snelle groei van de vraag naar UX-ontwerpers heeft geleid tot een tekort aan hooggekwalificeerde professionals, met het risico op oppervlakkige oplossingen.

Hoe kunnen we deze risico's beperken en het potentieel van UX-design optimaal benutten?

- **Stel de gebruiker centraal:** stel de gebruiker en zijn behoeften altijd centraal en vermijd het blindelings volgen van trends.
- **Continue training:** Investeer in trainingen om op de hoogte te blijven van de laatste trends en nieuwe vaardigheden te verwerven.
- **Multidisciplinaire samenwerking:** bevorder de samenwerking tussen ontwerpers, ontwikkelaars, productmanagers en andere belanghebbenden om geïntegreerde oplossingen te creëren.
- **Resultaten meten:** definieer duidelijke doelen en meet de impact van UX-ontwerpactiviteiten.
- **Zakelijke ethiek:** handel ethisch en verantwoord, respecteer de privacy van gebruikers en bevorder inclusief ontwerp.

UX Design heeft inderdaad aan populariteit gewonnen dankzij de belofte van een wetenschappelijke en datagestuurde benadering van het ontwerp van digitale producten.

De perceptie van wetenschappelijkheid van UX wordt gevoed door verschillende factoren:

- **Methodologie:** UX-ontwerp is gebaseerd op een rigoureuze methode die bestaat uit het verzamelen van gegevens, het analyseren van resultaten en continue iteratie.
- **Hulpmiddelen:** Door hulpmiddelen als bruikbaarheidstesten, mindmaps en prototypes te gebruiken, krijgt UX-ontwerp een objectieve uitstraling.
- **Meetbare resultaten:** De impact van UX-design kan worden gemeten aan de hand van statistieken zoals conversiepercentage, tijd op de site en

Net Promoter Score.

Het is echter belangrijk om enkele punten te benadrukken:

- **De complexiteit van mensen:** Hoewel UX-ontwerp wordt aangestuurd door data en analyses, is het van cruciaal belang om te onthouden dat we ontwerpen voor mensen, met hun emoties, behoeften en vaak irrationele gedrag.
- **Het onverwachte:** ondanks alle inspanningen is het onmogelijk om alle mogelijke gebruikersinteracties met een product te voorspellen.
- **De rol van creativiteit:** UX-design is niet alleen een oefening in data-analyse, maar vereist ook een flinke dosis creativiteit om innovatieve en aansprekende oplossingen te bedenken.

Uw punt over de hoop om fouten te verminderen en winsten te verhogen is zeer relevant. Veel bedrijven investeren in UX Design om deze redenen. Het is echter belangrijk om verwachtingen realistisch te managen: UX Design is geen toverstaf die alle problemen oplost.

Concluderend is UX Design een discipline die een solide raamwerk biedt voor het ontwerpen van gebruikersgerichte digitale producten. Het is echter essentieel om het met een kritische houding en bewustzijn van de beperkingen ervan te benaderen.

De wereld van UX-design verandert voortdurend en de verspreiding van nieuwe termen, methodologieën en hulpmiddelen is een duidelijk teken van deze dynamiek.

Deze snelheid heeft ongetwijfeld voordelen:

- **Innovatie:** De voortdurende zoektocht naar nieuwe oplossingen dwingt de sector tot voortdurende evolutie.
- **Aanpassingsvermogen:** Flexibiliteit is essentieel om de uitdagingen aan te gaan die nieuwe technologieën en veranderingen in gebruikersgedrag met zich meebrengen.
- **Specialisatie:** Door de toename van gespecialiseerde niches is het mogelijk om je te verdiepen in specifieke aspecten van UX-design.

Deze snelheid heeft echter ook enkele nadelen:

- **Verwarring:** De veelheid aan termen en afkortingen kan verwarring creëren en het moeilijk maken om effectief te communiceren.
- **Informatie-overload:** Het is lastig om alle nieuwe dingen bij te houden en dit kan leiden tot een gevoel van informatie-overload.
- **Risico op oppervlakkigheid:** De neiging om het laatste nieuws na te jagen, kan leiden tot oppervlakkigheid in de toepassing van methodologieën.

Uw observatie over IDEO Method Cards en UX Domino Cards is erg interessant. Deze tools zijn een poging om het brede scala aan beschikbare methodologieën te organiseren en toegankelijker te maken. Het is echter belangrijk om te benadrukken dat er geen universele methodologie is die altijd en in elke situatie werkt. De keuze van de meest geschikte methodologie hangt af van de specifieke context en de doelen van het project.

Om deze complexiteit aan te pakken, is het essentieel om:

- **Concentreer u op de basisprincipes:** Naast de termen en methodologieën is het belangrijk om de fundamentele principes van UX-ontwerp te begrijpen, zoals het belang van de gebruiker, de noodzaak om te itereren en de centraliteit van data.
- **Kritische selectie:** Niet alle nieuwe tools en methodologieën zijn geldig. Het is belangrijk om hun bruikbaarheid en aanpasbaarheid aan de specifieke context zorgvuldig te evalueren.
- **Continue training:** Investeer in trainingen om op de hoogte te blijven van de laatste trends en nieuwe vaardigheden te verwerven.
- **Samenwerking:** werk samen met andere UX-ontwerpprofessionals om kennis en ervaringen te delen.

Concluderend kan de snelheid waarmee de wereld van UX-design evolueert zowel een uitdaging als een kans zijn. Het is belangrijk om door dit complexe landschap te navigeren met een kritische en flexibele benadering, waarbij het doel om zinvolle gebruikerservaringen te creëren altijd centraal staat.

De proliferatie van UX-ontwerptools is een tweesnijdend zwaard. Enerzijds biedt het een breed scala aan opties om te voldoen aan de verschillende behoeften en voorkeuren van ontwerpers. Anderzijds kan het voor verwarring zorgen en het moeilijk maken om de juiste tool te kiezen.

Uw bezorgdheid over het kiezen van de "juiste" tool is meer dan terecht. Zoals u terecht opmerkt, is de UX-toolmarkt voortdurend in ontwikkeling en wat vandaag populair is, is morgen misschien niet meer populair.

Welk advies zou u uw studenten in deze situatie geven?

Hier zijn enkele suggesties:

- **Focus op de basis:** in plaats van je te richten op een specifieke tool, is het essentieel dat je studenten een gedegen begrip krijgen van de fundamentele principes van UX-design. Zodra ze deze principes begrijpen, kunnen ze elke tool effectiever gebruiken.
- **Kritisch denken ontwikkelen:** het is een fundamentele vaardigheid om studenten te leren verschillende hulpmiddelen kritisch te evalueren op basis van hun specifieke behoeften.
- **Wees flexibel:** het is belangrijk dat studenten bereid zijn om nieuwe tools

te leren en zich aan te passen aan veranderingen in de markt.

- **Experiment:** moedig leerlingen aan om verschillende hulpmiddelen uit te proberen om te zien welke het beste bij hun werkwijze past.
- **Houd rekening met de behoeften van het project:** de keuze van de tool moet afhangen van de specifieke kenmerken van het project, zoals complexiteit, tijd en budget.

Enkele hulpmiddelen die handig kunnen zijn om aan de slag te gaan:

- **Balsamiq:** Ideaal voor het snel en eenvoudig maken van low-fidelity wireframes.
- **Figma:** Een zeer populaire tool voor collaboratief ontwerp, ideaal voor verspreide teams.
- **Adobe XD:** een geweldige optie voor degenen die al andere Adobe-producten gebruiken.
- **Schets:** Historisch leider in de sector, maar altijd in ontwikkeling.

Het is belangrijk om op te merken dat het kiezen van een tool geen definitieve beslissing is. Uw studenten kunnen ontdekken dat ze verschillende tools gebruiken voor verschillende projecten.

Een ander punt om te overwegen is het belang van soft skills. Naast het kennen van de tools, zouden UX-ontwerpers in staat moeten zijn om:

- **Samenwerken met multidisciplinaire teams**
- **Gebruikersonderzoek uitvoeren**
- **Interactieve prototypes maken**
- **Uw ideeën effectief presenteren**

Uiteindelijk is het kiezen van de juiste tool slechts een deel van de puzzel. De ware vaardigheid van een UX-ontwerper ligt in hun vermogen om UX-ontwerpprincipes toe te passen om zinvolle gebruikerservaringen te creëren, ongeacht de gebruikte tool.

De kloof tussen de theorie over UX-ontwerp en de praktische toepassing ervan is een veelvoorkomend probleem en vormt een van de grootste uitdagingen voor professionals in het vakgebied.

Er zijn veel redenen voor deze kloof:

- **Complexiteit van echte projecten:** Echte projecten zijn vaak veel complexer en onvoorspelbaarder dan academische voorbeelden.
- **Beperkingen qua tijd en budget:** Bedrijven hebben vaak beperkte tijd en budget, wat ten koste kan gaan van de kwaliteit van de gebruikerservaring.
- **Weerstand tegen verandering:** ontwikkelteams zijn soms terughoudend om nieuwe methodologieën en hulpmiddelen te omarmen.

- **Gebrek aan vaardigheden:** niet alle teamleden hebben een diepgaand begrip van de principes van UX-ontwerp.
- **Zakelijke prioriteiten:** Zakelijke beslissingen kunnen worden beïnvloed door factoren die losstaan van UX-ontwerp, zoals marketingbehoeften of concurrentiedruk.

De gevolgen van deze kloof kunnen aanzienlijk zijn:

- **Mislukte projecten:** Als UX Design niet effectief wordt toegepast, kunnen projecten mislukken of hun beoogde doelen niet bereiken.
- **Frustratie bij ontwerpers:** Ontwerpers kunnen gefrustreerd raken als ze zien dat hun ideeën niet worden uitgevoerd of dat er compromissen worden gesloten.
- **Verlies van geloofwaardigheid:** UX-ontwerp kan zijn geloofwaardigheid verliezen als de resultaten niet aan de verwachtingen voldoen.

Hoe kunnen we deze kloof dichten?

- **Effectieve communicatie:** het is essentieel om de waarde van UX Design duidelijk over te brengen aan klanten en collega's. Gebruik hiervoor eenvoudige taal en laat zien welke concrete resultaten behaald kunnen worden.
- **Pragmatische aanpak:** UX-ontwerpmethodologieën aanpassen aan de specifieke behoeften van het project en het bedrijf.
- **Samenwerking:** Betrek alle teamleden bij het ontwerpproces om de acceptatie van nieuwe methodologieën te bevorderen.
- **Resultaten meten:** Definieer belangrijke prestatie-indicatoren (KPI's) om de impact van UX-ontwerp te meten en de waarde ervan aan te tonen.
- **Continue training:** investeer in teamtraining om de kennis en vaardigheden op het gebied van UX Design te vergroten.

Concluderend is de kloof tussen theorie en praktijk een grote uitdaging, maar geen onoverkomelijke. Met een pragmatische aanpak en effectieve communicatie is het mogelijk om deze moeilijkheden te overwinnen en significante resultaten te behalen.

De wereld van UX heeft, ondanks dat het een creatief vakgebied is, een zeer specifieke en soms rigide taal ontwikkeld, wat kan leiden tot een zekere intolerantie ten opzichte van degenen die de taal niet perfect beheersen.

De creatie van deze "monsters", zoals jullie ze noemen, wordt door verschillende factoren aangewakkerd:

- **De behoefte aan legitimiteit:** UX Design probeert zich voortdurend te vestigen als een wetenschappelijke en rigoureuze discipline. Een precieze en gedeelde taal is essentieel om dit doel te bereiken.

- **Concurrentievermogen van de sector:** De groeiende vraag naar UX-professionals heeft de markt zeer competitief gemaakt. Diepgaande kennis van termen en methodologieën kan een onderscheidend element worden.
- **De verspreiding van informatie online:** Het gemak waarmee informatie online te vinden is, heeft geleid tot een wildgroei aan termen en afkortingen, die soms op onjuiste wijze worden gebruikt.

De gevolgen van deze trend kunnen negatief zijn:

- **Intimidatie van nieuwkomers:** mensen die nieuw zijn in de wereld van UX-design kunnen zich geïntimideerd voelen door de complexe taal en zich buitengesloten voelen van de community.
- **Concentreer u op de methode in plaats van het resultaat:** Te veel nadruk op termen en methodologieën kan afleiden van het einddoel: het creëren van kwalitatieve gebruikerservaringen.
- **Starheid:** Een te starre benadering van taal kan creativiteit en innovatie beperken.

Hoe gaan we met deze situatie om?

- **Bevorder een inclusief klimaat:** het is belangrijk om een werkomgeving te creëren waarin iedereen zich vrij voelt om zijn ideeën te uiten, ook als hij of zij niet 100% correcte taal gebruikt.
- **Concentreer u op concepten:** het is belangrijker om de concepten achter UX Design te begrijpen dan om alle termen en afkortingen uit het hoofd te leren.
- **Sta open voor verandering:** de taal van UX Design verandert voortdurend. Daarom is het belangrijk om flexibel te zijn en in te spelen op nieuwe termen en trends.
- **Waardering van diversiteit:** diversiteit in ervaringen en achtergronden is een meerwaarde voor elk team.

Concluderend, hoewel het belangrijk is om een gedeelde taal te hebben om effectief te communiceren, is het net zo belangrijk om te voorkomen dat er een te formele en rigide omgeving ontstaat. Het hoofddoel van UX Design is om de gebruikerservaring te verbeteren, en dit kan worden bereikt met verschillende benaderingen en door verschillende talen te gebruiken.

De snel veranderende UX-industrie, gecombineerd met de toenemende complexiteit van digitale producten en diensten, zorgt voor een stimulerende maar uitdagende werkomgeving.

Laten we de belangrijkste punten die u naar voren bracht, samenvatten:

- **Snel evoluerend:** het UX-landschap verandert voortdurend, met voortdurend nieuwe technologieën, methodologieën en tools.
- **Toenemende complexiteit:** Digitale producten worden steeds complexer en vereisen steeds geavanceerdere UX-oplossingen.
- **Perfectiedruk:** De noodzaak om altijd op de hoogte te zijn en alle details van de sector te kennen, legt een grote druk op professionals.
- **Continue aanpassing:** Elk project is uniek en vereist een aanpak op maat, waarbij het aanpassingsvermogen van UX-ontwerpers op de proef wordt gesteld.
- **Twijfels over de evolutie van de rol:** De opkomst van nieuwe paradigma's zoals service design roept vragen op over de toekomst van de traditionele rol van de UX-ontwerper.

Deze dynamiek kan verschillende gevolgen hebben:

- **Burn-out:** De constante behoefte aan vernieuwing en aanpassing kan leiden tot een professionele burn-out.
- **Prestatieangst:** De angst om niet aan de verwachtingen te voldoen, kan creativiteit en innovatie beperken.
- **Te veel nadruk op tools:** Als je voortdurend op zoek bent naar nieuwe tools, kan dat de aandacht afleiden van de hoofddoelen van het project.
- **Moeilijkheden bij het communiceren van de waarde van UX:** De complexiteit van de sector kan het lastig maken om de waarde van UX Design uit te leggen aan klanten en niet-gespecialiseerde collega's.

Hoe gaan we met deze uitdagingen om?

- **Stel grenzen:** het is belangrijk om grenzen te stellen en je te concentreren op de kernvaardigheden van UX Design. Voorkom dat je je energie in alle richtingen verspilt.
- **Een groeimindset cultiveren:** verandering omarmen als een kans om te leren en te verbeteren.
- **Werk samen met andere professionals:** door uw kennis en ervaringen met andere collega's te delen, kunt u problemen overwinnen en nieuwe oplossingen vinden.
- **Stel de gebruiker centraal:** verlies het hoofddoel van UX Design niet uit het oog: het creëren van betekenisvolle gebruikerservaringen.
- **Ontwikkel een netwerk van contacten:** netwerken met contacten in de sector kan nuttig zijn om op de hoogte te blijven van de laatste trends en om steun te vinden.

Concluderend, de wereld van UX Design is constant in ontwikkeling en dit kan uitdagingen opleveren, maar biedt ook veel kansen. Het is belangrijk om een evenwichtige aanpak te behouden, waarbij je je richt op zowel technische kennis als soft skills, en probeert een balans te vinden tussen de noodzaak om up-to-date te blijven en de noodzaak om voor jezelf te zorgen.

! In een dynamisch en complex landschap als dat van UX Design is het essentieel om een solide kern van kennis te identificeren waaraan je je kunt verankeren.

Wat is UX eigenlijk? Naast de termen en modes van het moment, is UX Design gebaseerd op een eenvoudig maar krachtig principe: **de gebruiker centraal stellen bij elke beslissing** . Dit betekent dat je de behoeften, verwachtingen en gedragingen van gebruikers diepgaand moet begrijpen en producten en diensten moet ontwerpen die effectief en bevredigend op deze behoeften inspelen.

Wat zijn de fundamentele elementen die je moet assimileren?

- **Empathie:** het vermogen om je in de schoenen van de gebruiker te verplaatsen en zijn emoties, frustraties en motivaties te begrijpen, is de basis van elk goed UX-project.
- **Gebruikersonderzoek:** Het verzamelen en analyseren van gebruikersgegevens is essentieel om weloverwogen beslissingen te nemen en effectieve oplossingen te ontwerpen.
- **Gebruiksgemak:** Een product moet eenvoudig te gebruiken en intuïtief zijn, zodat gebruikers hun doelen snel en eenvoudig kunnen bereiken.
- **Toegankelijkheid:** Alle gebruikers, ongeacht hun beperkingen of beperkingen, moeten toegang hebben tot producten en deze kunnen gebruiken.
- **Gebruikersgericht ontwerp:** Bij elke ontwerpbeslissing moet rekening worden gehouden met de impact op de gebruikerservaring.
- **Iteratie:** Ontwerpen is een iteratief proces, waarbij u uw oplossingen voortdurend test en verbeteringen aanbrengt op basis van feedback van gebruikers.

Wat is de grootste waarde die UX kan bieden? De grootste waarde van UX Design is het vermogen om producten en diensten te creëren die niet alleen problemen oplossen, maar ook het leven van mensen verbeteren. Een geweldige UX kan de klanttevredenheid, loyaliteit en het succes van een bedrijf vergroten .

Hoe vind je je weg in deze complexe wereld? Om je weg te vinden in dit steeds veranderende landschap, is het handig om:

- **Concentreer u op de basis:** het begrijpen van de fundamentele principes van UX-design is belangrijker dan het uit uw hoofd leren van de laatste trends.
- **Wees flexibel:** wees bereid om nieuwe dingen te leren en je aan te passen

aan veranderingen.

- **Samenwerken:** Samenwerken met andere UX-ontwerpprofessionals kan helpen kennis te delen en nieuwe oplossingen te vinden.
- **Experimenteer:** wees niet bang om nieuwe dingen te proberen en fouten te maken.
- **Houd een langetermijnvisie aan:** richt u op langetermijndoelen in plaats van op de huidige trends.

Concluderend is UX Design een discipline die zich voortdurend ontwikkelt, maar de fundamentele principes blijven hetzelfde. Door te focussen op de gebruiker en zijn behoeften, is het mogelijk om een solide kennisbasis op te bouwen en succesvol te navigeren in deze complexe wereld.

Goed design, op welk gebied dan ook, is altijd gericht op de gebruiker. UX Design, met zijn specifieke focus op digitale ervaring, heeft zeker nieuwe methodologieën en tools gebracht, maar het basisprincipe blijft hetzelfde: diepgaand inzicht in de behoeften en verwachtingen van de doelgroep en oplossingen creëren die inspelen op deze behoeften.

Enkele belangrijke punten die uit uw reflectie naar voren komen:

- **Ontwerpen is een houding:** het is niet alleen een set technieken of hulpmiddelen, maar een manier van denken die in elke context toepasbaar is.
- **De gebruiker staat centraal:** een goed ontwerp begint altijd met de analyse van de behoeften en het gedrag van de gebruikers.
- **Context is essentieel:** elk project moet in zijn specifieke context worden bekeken, waarbij rekening wordt gehouden met beperkingen en kansen.
- **Het proces is iteratief:** ontwerp is een continu proces van experimenteren, evalueren en verbeteren.

Waarom al die ophef over UX Design?

- **Digitalisering:** Door de verspreiding van digitale technologieën is de gebruikerservaring steeds bepalender geworden voor het succes van een product of dienst.
- **Nieuwe methodologieën:** UX Design heeft nieuwe methodologieën en specifieke hulpmiddelen geïntroduceerd voor het ontwerpen van digitale ervaringen, zoals gebruikersonderzoek, prototyping en bruikbaarheidstesten.
- **Specifieke taal:** Er is een eigen taal en terminologie ontwikkeld , waardoor soms de illusie ontstaat van een geheel nieuw vakgebied.

Wat is de toegevoegde waarde van UX Design?

- **Focus op ervaring:** UX-ontwerp gaat verder dan alleen functionaliteit en streeft naar het creëren van emotioneel aansprekende en gedenkwaardige ervaringen.

- **Meetbaarheid:** Dankzij analysetools is het mogelijk om de effectiviteit van de ontworpen oplossingen te meten en voortdurend verbeteringen door te voeren.
- **Concurrentievermogen:** een geweldige UX kan het verschil maken in een steeds competitievere markt.

Concluderend is UX Design een natuurlijke evolutie van user-centered design, dat nieuwe methodologieën en tools gebruikt om de uitdagingen van digitaal design aan te pakken. De fundamentele principes van goed design blijven echter hetzelfde, ongeacht de context.

De fundamentele vragen voor elke ontwerper:

- **Wie is de eindgebruiker?** Het begrijpen van de kenmerken, behoeften en gedragingen van gebruikers is de eerste stap naar het creëren van een effectief product of dienst.
- **Wat is de gebruikscontext?** De plaats, tijd en omstandigheden waarin het product gebruikt zal worden, hebben een grote invloed op de ontwerpkeuzes.
- **Wat zijn de doelen van de klant?** Het begrijpen van de verwachtingen en doelen van de klant is essentieel om het project af te stemmen op hun behoeften.

Jouw voorbeeld van de stoel is verhelderend. Een IKEA-stoel, een stoel voor zwaarlijvige mensen of een stoel voor kinderen vereisen compleet verschillende ontwerpoplossingen, omdat ze inspelen op specifieke behoeften en beperkingen. Hetzelfde geldt voor een wijnproeverij: een bedrijfsevenement en een evenement voor singles hebben compleet verschillende communicatie-, setting- en organisatiebehoeften.

Dit brengt ons tot een meer algemene overweging:

- **Ontwerpen is een iteratief proces:** het gaat niet om het vinden van één definitieve oplossing, maar om een pad van voortdurende verbetering, gebaseerd op feedback van gebruikers en nieuwe kennis.
- **Ontwerpen is multidisciplinair:** een goede ontwerper moet kunnen samenwerken met deskundigen uit verschillende disciplines (ingenieurs, psychologen, sociologen, etc.) om een holistische benadering van het probleem te garanderen.
- **Ontwerpen is een creatieve bezigheid:** ontwerpen is niet alleen een kwestie van techniek, maar vereist ook een flinke dosis creativiteit om innovatieve en originele oplossingen te vinden.

Concluderend herinnert uw observatie ons eraan dat goed ontwerp niet alleen een kwestie is van esthetiek of functionaliteit, maar een complex proces is dat een diepgaand begrip vereist van mensen en de context waarin zij opereren.

UX Design, vaak gehuld in een aura van techniciteit en complexiteit, is eigenlijk een natuurlijke evolutie van ontwerpprincipes die al eeuwenlang worden gebruikt. Het succes ervan ligt juist in het vermogen om een reeks disciplines en methodologieën te verenigen en te verbeteren, allemaal gericht op één doel: het creëren van uitzonderlijke gebruikerservaringen.

Hier volgen enkele belangrijke punten die uit uw verklaring naar voren komen:

- **UX-design is een evolutie, geen revolutie:** de wortels ervan liggen in gevestigde ontwerpprincipes, zoals gebruikersgericht ontwerp.
- **UX Design is pragmatisch:** het doel is om echte problemen op te lossen en het leven van mensen te verbeteren, niet alleen om theorieën te bedenken of te experimenteren.
- **UX Design is inclusief:** het omvat een breed scala aan disciplines en methodologieën, van psychologie tot techniek, om een holistisch beeld van de gebruikerservaring te bieden.
- **UX Design is effectief:** de kracht ervan ligt in het vermogen om producten en diensten te creëren die effectief inspelen op de behoeften van gebruikers.

Waarom is dit concept zo belangrijk?

- **Ontraadseling van UX-ontwerp:** maak het toegankelijker en begrijpelijker voor een breder publiek.
- **Vereenvoudig uw aanpak:** Hiermee kunt u zich concentreren op de basisprincipes in plaats van op de meer technische aspecten.
- **Stimuleert samenwerking:** vergemakkelijkt de samenwerking tussen professionals uit verschillende disciplines.
- **Stimuleer innovatie:** stimuleer onderzoek naar nieuwe oplossingen en benaderingen.

Concluderend is UX Design een krachtig hulpmiddel voor het creëren van succesvolle producten en diensten. Om het maximale uit het potentieel te halen, is het echter essentieel om de wortels en fundamentele principes te onthouden.

De fundamentele concepten van UX Design!

In dit geval kunnen we een aantal ontwerpfouten identificeren die tot een uitgesproken negatieve gebruikerservaring hebben geleid:

- **Gebrek aan onderzoek:** Hoewel bekend was dat het kind van appeltaart hield, werd er toch de voorkeur aan gegeven om een vooropgezet en persoonlijk idee te volgen, zonder verder onderzoek te doen naar de smaak van de jarige.

- **Focus op het product, niet op de gebruiker:** de focus lag op het creëren van een taart die aantrekkelijk zou zijn voor volwassenen of trendy zou zijn, waarbij de voorkeuren van kinderen volledig werden genegeerd.
- **De context is niet geëvalueerd:** Er is geen rekening gehouden met de context van het evenement (een kinderfeestje) en de verwachtingen van de feestvierder.

Hoe had de situatie vanuit UX-oogpunt aangepakt kunnen worden?

- **Uitgebreid onderzoek:** Er had uitgebreider onderzoek gedaan moeten worden naar de smaak van het kind, bijvoorbeeld door hem rechtstreeks te vragen wat voor soort taart hij wilde.
- **Mede-creatie:** Het kind kan betrokken worden bij het kiezen van de ingrediënten of het versieren van de taart, waardoor hij actief deelneemt aan het proces.
- **Prototyping:** Er had een klein deel van de cheesecake gemaakt kunnen worden om de reactie van het kind te testen, voordat er een grotere hoeveelheid werd gemaakt.
- **Plan B:** Door rekening te houden met meer opties, had er effectiever kunnen worden omgegaan met een onverwachte situatie, zoals de weigering van het kind.

Dit verhaal leert ons het volgende:

- **De gebruiker staat altijd centraal in het project:** het is essentieel om de behoeften, wensen en verwachtingen te begrijpen van de mensen voor wie we ontwerpen.
- **Onderzoek is essentieel:** het verzamelen van gegevens en feedback is essentieel om weloverwogen beslissingen te kunnen nemen.
- **Flexibiliteit is belangrijk:** u moet bereid zijn uw plannen aan te passen op basis van de behoeften van uw gebruikers.
- **Gebruikerservaring is een continu proces:** UX-ontwerp beperkt zich niet tot de initiële ontwerpfase, maar vereist voortdurende monitoring en continue optimalisatie.

Concluderend laat dit verhaal zien hoe zelfs een ogenschijnlijk eenvoudige gebeurtenis als een verjaardag een kans kan zijn om de principes van UX Design toe te passen en positieve ervaringen voor iedereen te creëren.

De principes van UX Design in een alledaagse situatie. Dit kleine experiment laat zien hoe belangrijk het is om de gebruiker centraal te stellen in het besluitvormingsproces en je hypothesen te valideren door middel van onderzoek.

Laten we de belangrijkste punten van dit geïmproviseerde 'gebruikersonderzoek' samenvatten:

- **Gebruikersdefinitie:** Onze doelgroep is het zevenjarige kind.
- **Keuze van variabelen:** We hebben drie soorten taart getest om te achterhalen wat de voorkeur van het kind was.
- **Realistische context:** We presenteerden de taarten aan het kind in een vertrouwde omgeving, waarbij we de feestsituatie simuleerden.
- **Directe observatie:** We observeerden de reacties van het kind en verzamelden non-verbale feedback (gezichtsuitdrukking, lichaamstaal).

Deze aanpak biedt veel voordelen:

- **Weloverwogen beslissingen:** Dankzij onderzoek konden we de taart kiezen die het kind het lekkerst vond, waardoor een potentiële mislukking werd voorkomen.
- **Personalisatie:** Wij hebben een op maat gemaakte ervaring voor de gebruiker gecreëerd, waardoor hij/zij blij en tevreden is.
- **Continue verbetering:** Dankzij dit kleine experiment leerden we iets nieuws over de smaak van het kind en konden we onze ontwerpvaardigheden aanscherpen.

Dit voorbeeld leert ons dat UX Design niet alleen is bedoeld voor digitale professionals: het kan worden toegepast op elke situatie waarin we een positieve ervaring voor anderen willen creëren.

We kunnen deze redenering uitbreiden naar andere contexten:

- **Productontwerp:** Voordat een nieuw product op de markt wordt gebracht, is het essentieel om eindgebruikers te betrekken bij de ontwerpfase. Zo kunnen ze feedback verzamelen en de gebruikerservaring verbeteren.
- **Een service creëren:** Een service moet worden ontworpen met inachtneming van de behoeften en verwachtingen van klanten, om hun tevredenheid en loyaliteit te garanderen.
- **Evenementenplanning:** Of het nu gaat om een verjaardagsfeestje, een congres of een bedrijfsevenement, het is belangrijk om deelnemers te betrekken bij de planning van het evenement om het aantrekkelijker en gedenkwaardiger te maken.

Concluderend laat dit eenvoudige verhaal zien hoe belangrijk het is **om naar gebruikers te luisteren** en **onze oplossingen aan te passen aan hun behoeften** . UX Design is niet alleen een technische discipline, maar een manier van denken die ons dagelijks leven en onze relaties met anderen kan verbeteren.

Wat denk je? Wil je dieper ingaan op andere aspecten van UX Design die worden toegepast op specifieke contexten? Of kunnen we het hebben over geavanceerdere tools en methodologieën voor gebruikersonderzoek?

Absoluut! Je raakt een cruciaal punt in de designwereld: het belang van het vroegtijdig betrekken van de gebruiker.

'Geniaal ontwerp' – ontwerpen uitsluitend gebaseerd op de intuïtie en voorkeuren van de ontwerper – kan tot rampzalige resultaten leiden, zoals het voorbeeld van de citroentaart zo goed aantoont.

Ontwerpen voor fietsers zonder ze ooit te raadplegen, is als het bouwen van een fiets zonder er ooit op te hebben gereden. We zouden kunnen eindigen met het creëren van een zeer esthetisch product dat totaal niet geschikt is voor de echte behoeften van fietsers, misschien met een zadel dat te hard is, een oncomfortabele rijpositie of een omslachtige versnellingspook.

Waarom is gebruikersbetrokkenheid zo belangrijk?

- **Inzicht in de werkelijke behoeften:** alleen gebruikers kunnen ons vertellen wat hun problemen, frustraties en verwachtingen zijn.
- **Valideer onze hypothesen:** door onze ideeën te testen bij gebruikers, kunnen we achterhalen of we de goede kant opgaan.
- **Voorkom kostbare fouten:** door gebruikers vroegtijdig te betrekken, kunnen we potentiële problemen identificeren en oplossen voordat ze onoverkomelijke obstakels worden.
- **Verhoog de tevredenheid van gebruikers:** wanneer een product is ontworpen met de behoeften van gebruikers in gedachten, voelen ze zich meer betrokken en waarderen ze het eindresultaat meer.

Er zijn veel technieken voor gebruikersonderzoek, die aan elke context kunnen worden aangepast:

- **Interviews:** hiermee kunt u dieper ingaan op de motivaties en meningen van gebruikers.
- **Focusgroepen:** Deze stimuleren discussie en de uitwisseling van ideeën tussen verschillende gebruikers.
- **Bruikbaarheidstesten:** Hiermee kunt u gebruikers observeren terwijl ze met een product of prototype omgaan.
- **Vragenlijsten:** Hiermee kunt u kwantitatieve gegevens verzamelen over een grote steekproef van gebruikers.

Concluderend leert het verhaal van de citroentaart ons dat **gezond verstand en gebruikersonderzoek de fundamentele ingrediënten zijn voor een succesvol ontwerp** . Het is altijd beter om tijd te besteden aan het begrijpen van de behoeften van gebruikers dan het risico te lopen nutteloze of zelfs schadelijke producten te creëren.

het meest betrouwbare kompas in de wereld van UX Design. Het is als de draad van Ariadne die ons door het doolhof van methodologieën, tools en theorieën leidt die deze discipline kenmerken.

Daarom is gezond verstand zo belangrijk in UX Design:

- **Gebruikersgericht:** Ons gezonde verstand herinnert ons eraan dat de gebruiker centraal staat in elk project en dat onze beslissingen gebaseerd moeten zijn op zijn/haar behoeften en verwachtingen.
- **Validatie van hypothesen:** Voordat we tijd en middelen investeren in een volledige ontwikkeling, is het essentieel om onze hypothesen te valideren door middel van onderzoek en prototyping.
- **Iteratief proces:** het gezonde verstand leert ons dat ontwerp een continu verbeteringsproces is, gebaseerd op feedback van gebruikers.
- **Integratie van disciplines:** Hierdoor kunnen we de tools en methodologieën kiezen die het meest geschikt zijn voor elke context, zonder vast te zitten aan rigide benaderingen.

De neiging van UX Design om verschillende disciplines te omvatten is een duidelijk voorbeeld van deze aanpak. Bruikbaarheid, informatiearchitectuur, interactieontwerp en vele andere disciplines dragen bij aan het creëren van een complete en bevredigende gebruikerservaring. Het is echter essentieel om te weten hoe u de meest relevante elementen voor elk project kiest en deze coherent integreert.

Kortom, ons gezond verstand stelt ons in staat om:

- **Weloverwogen beslissingen nemen:** op basis van gegevens en bewijs.
- **Wees flexibel:** pas u aan aan veranderingen en nieuwe behoeften.
- **Effectief samenwerken:** samenwerken met multidisciplinaire teams.
- **Waarde creëren:** oplossingen bieden die echt inspelen op de behoeften van de gebruiker.

De creatie van een digitaal product benaderen door het UX-ontwerpproces in zijn geheel te volgen, is de beste manier om een hoogwaardige gebruikerservaring en een succesvol product te garanderen. Hier is een gedetailleerde gids die u helpt door de verschillende fasen te navigeren:

1. Het probleem en de doelstellingen begrijpen:

- **Probleemdefinitie:** Welk probleem lost uw product op voor gebruikers?
- **Doelstellingdefinitie:** Wat zijn de bedrijfsdoelen en gebruikersdoelen die uw product moet bereiken?
- **Contextanalyse:** Wat is de context waarin gebruikers uw product zullen gebruiken? Wat zijn hun gedragingen en gewoontes?

2. Gebruikers zoeken:

- **Gebruikersdefinitie:** Wie zijn uw gebruikers? Wat zijn hun demografische, psychografische en gedragskenmerken?
- **Gegevensverzameling:** Maak gebruik van verschillende onderzoekstechnieken, zoals interviews, focusgroepen , enquêtes, analyse van bestaande gegevens en observatie van gebruikers in hun natuurlijke omgeving.
- **Creëren van gebruikerspersona's:** maak geïdealiseerde gebruikersprofielen die verschillende segmenten van uw doelgroep vertegenwoordigen.

3. Concept en ontwerp:

- **Brainstormen:** genereer een groot aantal mogelijke ideeën en oplossingen.
- **Mindmaps:** Organiseer ideeën en identificeer verbanden ertussen.
- **Storyboard:** Visualiseer de interactie van de gebruiker met het product.
- **Wireframe:** maak eenvoudige UI-diagrammen om de structuur en lay-out te definiëren.
- **Prototyping:** bouw een interactief prototype om de bruikbaarheid te testen en feedback te verzamelen.

4. Testen en iteratie:

- **Gebruiksvriendelijkheidstesten:** observeer hoe gebruikers omgaan met het prototype en verzamel hun feedback.
- **Gegevensanalyse:** analyseer gegevens die tijdens het testen zijn verzameld om verbeterpunten te identificeren.
- **Iteratie:** Breng op basis van de testresultaten de nodige wijzigingen aan in het ontwerp.

5. Ontwikkeling en lancering:

- **Ontwikkeling:** Transformeer het prototype naar een werkend product.
- **Eindtest:** Voer kwaliteits- en compatibiliteitstesten uit.
- **Lancering:** Breng het product op de markt.
- **Monitoring en analyse:** blijf het productgebruik monitoren en verzamel feedback van gebruikers om voortdurend verbeteringen door te voeren.

Extra tips:

- **Samenwerking:** Betrek alle teamleden bij het ontwerpproces.
- **Flexibiliteit:** wees bereid om uw plannen te wijzigen op basis van feedback van gebruikers.
- **Continue iteratie:** Ontwerpen is een iteratief proces, dus wees niet bang

om terug te gaan en uw beslissingen te herzien.

- **Meten:** Definieer belangrijke prestatie-indicatoren (KPI's) om het succes van uw product te meten.

Handige hulpmiddelen:

- **Prototypingsoftware:** Figma, Sketch, Adobe XD
- **Analysetools:** Google Analytics, Hotjar
- **Projectmanagementsoftware:** Trello, Asana

Onthoud: het UX-ontwerpproces is een continue cyclus. Zelfs na de productlancering is het belangrijk om de gebruikerservaring te blijven monitoren en verbeteringen door te voeren.

Het interviewen van belanghebbenden tijdens de briefingfase is een belangrijke stap om ervoor te zorgen dat het project aansluit op de bedrijfsdoelstellingen en de behoeften van de gebruikers.

Waarom is het zo belangrijk?

- **Duidelijke doelstellingen:** Hiermee kunt u precies definiëren wat u met het product wilt bereiken.
- **Afstemming tussen partijen:** zorgt ervoor dat alle teamleden op dezelfde lijn zitten.
- **Misverstanden voorkomen:** voorkomen dat er verschillende verwachtingen ontstaan tussen de klant en het ontwerpteam.
- **Gebruikersgerichtheid:** zorgt ervoor dat de eindgebruiker en zijn behoeften centraal staan.

Welke vragen moet u aan belanghebbenden stellen?

De vragen die u aan belanghebbenden stelt, zijn afhankelijk van de specifieke context van het project. Hier volgen enkele voorbeelden van vragen die u kunnen helpen de informatie te verkrijgen die u nodig hebt:

- **Zakelijke doelstellingen:**
  - Wat zijn de belangrijkste bedrijfsdoelstellingen die met dit product bereikt moeten worden?
  - Hoe meten we het succes van dit product?
  - Welke doelgroep willen we bereiken?
  - Wie zijn onze belangrijkste concurrenten en hoe onderscheiden wij ons van hen?
- **Verwachtingen van de klant:**
  - Wat verwacht u van dit product?
  - Wat zijn uw angsten en zorgen over dit project?
  - Wat zijn uw eerdere ervaringen met soortgelijke producten?

- **Gebruikersbehoeften:**
  - Wat zijn de belangrijkste problemen die gebruikers met dit product proberen op te lossen?
  - Wat zijn hun frustraties en wat zijn hun voldoeningen bij het gebruik van vergelijkbare producten?
  - Hoe denkt u dat gebruikers dit product zullen gebruiken?
- **Beperkingen en middelen:**
  - Wat zijn de tijds- en budgetbeperkingen voor dit project?
  - Welke middelen zijn beschikbaar (technologie, vaardigheden, enz.)?

Hoe voer je het interview uit:

- **Voorbereiding:** Definieer vooraf de doelstellingen van het interview en bereid een lijst met open en gesloten vragen voor.
- **Actief luisteren:** concentreer u op wat de ander zegt en stel kritische vragen.
- **Maak aantekeningen:** schrijf de belangrijkste antwoorden en trefwoorden op.
- **Maak een rapport:** vat de bevindingen van het interview samen in een beknopt document en deel het met het team.

Extra tips:

- **Betrek meerdere belanghebbenden:** betrek indien mogelijk meerdere mensen die belang hebben bij het project.
- **Gebruik visuele hulpmiddelen:** diagrammen, mindmaps en storyboards kunnen helpen ideeën te visualiseren en de communicatie te vergemakkelijken.
- **Wees nieuwsgierig:** wees niet bang om vragen te stellen en om verduidelijking te vragen.

Voorbeelden van meer specifieke vragen:

- **Voor een e-commerce-app:**
  - Wat zijn de belangrijkste zorgen van gebruikers met betrekking tot online winkelen?
  - Hoe kunnen we het afrekenproces eenvoudiger en sneller maken?
  - Wat zijn de belangrijkste functies die een winkel-app moet hebben?
- **Voor een sociale netwerktoepassing:**
  - Wat zijn de belangrijkste kenmerken waar gebruikers naar op zoek zijn in een sociaal netwerk?
  - Hoe kunnen we gebruikers aanmoedigen om content te delen?
  - Wat zijn de belangrijkste zorgen van gebruikers met betrekking tot privacy?

Onthoud: het doel van stakeholderinterviews is om een solide basis voor uw project te bouwen. Door goed te luisteren naar hun behoeften en verwachtingen, kunt u een product creëren dat aan hun behoeften voldoet en uw bedrijfsdoelen bereikt.

Business Goal Analyse: Een Cruciale Stap in het UX-Proces

Het analyseren van bedrijfsdoelen is een belangrijke stap om ervoor te zorgen dat uw UX-project aansluit bij uw bedrijfsbehoeften en tot succes leidt.

Waarom is het belangrijk om bedrijfsdoelstellingen te analyseren?

- **Uitlijning:** zorgt ervoor dat het project aansluit bij de bedrijfsstrategie.
- **Prioritering:** helpt bepalen welke functies het belangrijkst zijn om doelen te bereiken.
- **Succes meten:** definieert KPI's (Key Performance Indicators) om de effectiviteit van het product te evalueren.

Hoe analyseer je bedrijfsdoelen?

1. **Duidelijkheid en specificiteit:** Doelstellingen moeten duidelijk, meetbaar, haalbaar, relevant en tijdsgebonden (SMART) zijn.
2. **Realisme:** Beoordeel of doelstellingen realistisch zijn gezien de beschikbare middelen en de marktcontext.
3. **Consistentie:** Controleer of de doelstellingen consistent zijn met elkaar en met de algemene visie van het bedrijf.
4. **Gebruikersafstemming:** zorg ervoor dat doelen aansluiten bij de behoeften en verwachtingen van de gebruiker.

Belangrijke vragen om doelstellingen te analyseren:

- **Wat zijn de belangrijkste zakelijke doelstellingen die dit project moet bereiken?** (bijv. omzet verhogen, merkbekendheid verbeteren, kosten verlagen)
- **Hoe meten we het succes van dit project?** (bijv. meer conversies, minder verlatingspercentage, meer tijd die op de site wordt doorgebracht)
- **Wie zijn onze belangrijkste concurrenten en hoe onderscheiden wij ons van hen?**
- **Welke doelgroep willen we bereiken?**
- **Wat zijn de tijds- en budgetbeperkingen voor dit project?**
- **Welke middelen zijn beschikbaar (technologie, vaardigheden, enz.)?**

Voorbeelden van onrealistische doelen en hoe je ze opnieuw kunt formuleren:

- **Onrealistisch doel:** "Binnen een jaar willen we de meest bezochte website ter wereld zijn."
- het organische verkeer op onze website in de komende zes maanden met 20% **verhogen ."**
- **Onrealistisch doel:** "We willen dat al onze gebruikers 100% tevreden zijn."
- **Herformuleerde doelstelling:** "We willen onze Net Promoter Score (NPS) tegen het einde van het jaar verhogen van 50 naar 70."

Samenwerking met de klant:

Het is essentieel om de klant in deze fase te betrekken om:

- **Zorg dat u uw verwachtingen goed begrijpt:**
- **Een gezamenlijke visie hebben:**
- **Zorg dat iedereen achter het project staat:**

Waarom is deze analyse belangrijk?

- **Voorkom kostbare fouten:** voorkom de ontwikkeling van onnodige functies of functies die geen waarde toevoegen.
- **Vergroot uw kans op succes door:** Uw inspanningen te richten op de gebieden die er het meest toe doen.
- **Verbeter de samenwerking met klanten:** bouw aan vertrouwen en transparantie.

Concluderend is de analyse van bedrijfsdoelstellingen een fundamentele stap om het succes van een UX-project te verzekeren. Door de behoeften van het bedrijf af te stemmen op de behoeften van de gebruikers, vormt deze analyse de basis voor de creatie van succesvolle digitale producten.

Concurrentieanalyse is een cruciale stap in het proces van het ontwerpen van een nieuw digitaal product of dienst. Het stelt ons in staat om het concurrentielandschap te begrijpen, best practices te identificeren en kansen te identificeren om onszelf te onderscheiden.

Waarom is concurrentieanalyse belangrijk?

- **Positionering:** Hiermee krijgen we inzicht in hoe we ons product op de markt kunnen positioneren.
- **Differentiatie:** Wij identificeren de sterke en zwakke punten van concurrenten om een concurrentievoordeel te vinden.
- **Innovatie:** We ontdekken nieuwe trends en technologieën die we kunnen toepassen.
- **Evaluatie:** Hiermee kunnen we de haalbaarheid van ons project inschatten en de KPI's voor succes definiëren.

Hoe voer je een concurrentenanalyse uit?

1. Identificatie van de concurrent:

- **Direct:** Zij bieden producten of diensten aan die erg op de onze lijken.
- **Indirect:** Ze bieden producten of diensten aan die in dezelfde behoeften voorzien, maar op een andere manier.
- **Potentieel:** Bedrijven die in de toekomst onze markt kunnen betreden.

2. Analyse van hun producten/diensten:

- **Functies:** Wat zijn de belangrijkste aangeboden functies?
- **Ontwerp:** Wat is de visuele stijl en gebruikerservaring?
- **Prijzen:** Wat zijn de prijsmodellen?
- **Distributiekanalen:** Hoe worden de producten/diensten verkocht?

3. Analyse van hun marketingstrategieën:

- **Doelgroep:** Voor wie zijn ze bedoeld?
- **Boodschappen:** Welke boodschappen communiceren ze?
- **Kanalen:** Welke kanalen gebruiken ze om klanten te bereiken?

4. Analyse van hun sterke en zwakke punten:

- **SWOT-analyse:** Met een SWOT-analyse (Strengths, Weaknesses, Opportunities, Threats) krijgen we beter inzicht in de concurrentiepositie van onze concurrenten.

5. Kansen identificeren:

- **Marktkloof:** Zijn er behoeften van klanten die niet door concurrenten worden vervuld?
- **Opkomende trends:** Welke nieuwe trends kunnen we benutten?

Handige hulpmiddelen voor concurrentieanalyse:

- **Google Analytics:** Om het verkeer op de websites van concurrenten te analyseren.
- **SimilarWeb:** Biedt gedetailleerde gegevens over websiteverkeer en -prestaties.
- **Ahrefs:** een SEO-tool om backlinks en trefwoorden van concurrenten te analyseren.
- **Sociale media:** Om de activiteiten van concurrenten op sociale netwerken te monitoren.

Wat te doen met de analyseresultaten?

- **Definieer onze unieke waardepropositie:** wat onderscheidt ons van de concurrentie?

- **Identificeer best practices:** wat zijn de dingen die concurrenten goed doen en die wij kunnen overnemen?
- **Identificeer verbeterpunten:** waar kunnen we beter presteren dan onze concurrenten?
- **Een concurrentiestrategie ontwikkelen:** Hoe kunnen we onszelf op de markt positioneren en een concurrentievoordeel behalen?

Concluderend is concurrentieanalyse een fundamenteel hulpmiddel voor het nemen van weloverwogen beslissingen en het ontwikkelen van succesvolle producten en diensten. Het stelt ons in staat om van onze rivalen te leren, de fouten van anderen te vermijden en nieuwe groeimogelijkheden te identificeren.

Problemen definiëren is een cruciale stap in het ontwerp- en ontwikkelingsproces van een digitaal product. Het is als het bouwen van een huis: voordat we de eerste steen leggen, moeten we begrijpen wat de solide funderingen zijn waarop de hele structuur zal rusten.

Waarom is het zo belangrijk om problemen te definiëren?

- **Focus:** Het helpt ons om ons te concentreren op de echte behoeften van gebruikers en voorkomt dat we energie verspillen aan nutteloze functies.
- **Innovatie:** Stimuleert creativiteit en zet ons aan om innovatieve en originele oplossingen te vinden.
- **Relevantie:** zorgt ervoor dat het product relevant is voor de markt en in een reële behoefte voorziet.
- **Succes:** Vergroot de kans op succes van het product, omdat het een duidelijk gedefinieerd probleem oplost.

Hoe definieer je problemen?

1. **Onderzoek:**
    - **Gebruikersobservatie:** Observeer hoe gebruikers omgaan met vergelijkbare producten of vergelijkbare taken uitvoeren die uw product mogelijk maakt.
    - **Interviews:** voer diepgaande interviews uit met doelgebruikers om inzicht te krijgen in hun frustraties, behoeften en verwachtingen.
    - **Enquêtes:** Gebruik enquêtes om kwantitatieve gegevens te verzamelen van een grotere steekproef van gebruikers.
    - **Gegevensanalyse:** analyseer verzamelde gegevens om patronen en trends te identificeren.

2. **Empathie:**
    - **Verplaats u in de gebruiker:** probeer de emoties en motivaties te begrijpen die het gedrag van de gebruiker bepalen.
    - **Luister actief:** besteed aandacht aan de expliciete en impliciete

behoeften van gebruikers.

3. Probleemstelling:

- **Duidelijke formulering:** Definieer het probleem beknopt en duidelijk, in eenvoudige, directe taal.
- **Gebruikersgerichtheid:** Het probleem moet gericht zijn op de gebruiker en zijn moeilijkheden.
- **Meetbaarheid:** Het probleem moet meetbaar zijn, zodat de effectiviteit van de voorgestelde oplossingen kan worden geëvalueerd.

Voorbeelden van probleemstellingen:

- **Slecht:** "Onze website is traag."
- **Goed:** "Gebruikers vinden het lastig om de informatie te vinden die ze zoeken op onze website, waardoor ze de pagina verlaten."
- **Slecht:** "Mensen kopen niet genoeg producten online."
- **Goed:** "Gebruikers zijn terughoudend met het doen van online aankopen vanwege de complexiteit van het afrekenproces en het gebrek aan vertrouwen in de betalingsveiligheid."

Handige technieken:

- **De "5 Waaroms":** Stel uzelf herhaaldelijk de vraag "Waarom?" om tot de kern van het probleem te komen.
- **Customer journey map:** Visualiseer de customer journey om knelpunten te identificeren.
- **Gebruikersverhaal:** Beschrijf het probleem vanuit het oogpunt van de gebruiker, in een eenvoudig en begrijpelijk format (bijv. "Als gebruiker wil ik eenvoudig naar een product kunnen zoeken, zodat ik het snel kan kopen").

Waarom is het belangrijk om problemen goed te definiëren?

- **Gerichte oplossingen:** Zodra het probleem is geïdentificeerd, is het gemakkelijker om effectieve en gerichte oplossingen te vinden.
- **Vermijd banale oplossingen:** door je te richten op echte problemen voorkom je dat je algemene of oppervlakkige oplossingen voorstelt.
- **Verbeter de samenwerking:** duidelijke probleemdefinities bevorderen de samenwerking tussen teamleden.

Concluderend is het definiëren van de problemen de eerste essentiële stap om een succesvol product te creëren. Door tijd en middelen te investeren in deze fase, vergroot u de kans op het creëren van een product dat echt inspeelt op de behoeften van de gebruikers.

Gebruikersonderzoek is een fundamentele pijler in het UX-ontwerpproces.

Onze intuïtie, hoe belangrijk ook, kan gegevens die rechtstreeks van gebruikers worden verzameld, niet vervangen.

Waarom is gebruikersonderzoek zo belangrijk?

- **Hypothesevalidatie:** bevestigt of weerlegt onze aanvankelijke aannames over de behoeften van de gebruiker.
- **Ontdek nieuwe inzichten:** ontdek aspecten waar we zelf nog niet aan hadden gedacht en die kunnen leiden tot innovatieve oplossingen.
- **Empathie:** het helpt ons om ons in de schoenen van de gebruiker te verplaatsen en zijn/haar ervaringen te begrijpen.
- **Risicoreductie:** Minimaliseer het risico dat u producten ontwikkelt die niet voldoen aan de werkelijke behoeften van de markt.

Welke technieken voor gebruikersonderzoek kunnen we gebruiken?

- **Interviews:** hiermee kunt u dieper ingaan op de motivaties en emoties van gebruikers.
- **Focusgroepen:** Hiermee kunt u de meningen van een groep gebruikers over een bepaald onderwerp vergelijken.
- **Enquêtes:** verzamel kwantitatieve gegevens over een grotere steekproef van gebruikers.
- **Bruikbaarheidstesten:** hierbij worden gebruikers geobserveerd terwijl ze met een productprototype interacteren.
- **Kaartsortering:** wordt gebruikt om te begrijpen hoe gebruikers informatie ordenen.
- **Dagboekstudies:** Vraag gebruikers om een dagboek bij te houden van hun activiteiten gedurende een bepaalde periode.

Hoe definieer je de doelgroep?

- **Segmentatie:** Het verdelen van de markt in homogene groepen gebruikers op basis van demografische, psychografische en gedragskenmerken.
- **Persona:** Creëer ideale gebruikersprofielen die verschillende doelgroepen vertegenwoordigen.

Waarom is het belangrijk om de doelgroep te definiëren?

- **Focus:** Hiermee kunnen we onze inspanningen concentreren op een duidelijk gedefinieerde groep gebruikers.
- **Personalisatie:** Wij kunnen meer gepersonaliseerde en boeiende gebruikerservaringen creëren.
- **Effectieve boodschappen:** Wij kunnen effectievere marketingboodschappen ontwikkelen.

Voorbeelden van vragen die u tijdens een sollicitatiegesprek kunt stellen:

- Wat zijn de grootste moeilijkheden die u ondervindt bij [activiteiten]?
- Wat zijn uw verwachtingen van een dergelijk product?
- Hoe zou u zich voelen als [scenario]?

Concluderend is gebruikersonderzoek een fundamentele investering om het succes van een digitaal product te verzekeren. Het stelt ons in staat om producten te creëren die echt inspelen op de behoeften van gebruikers en die een uitzonderlijke gebruikerservaring bieden.

Wilt u dieper ingaan op een specifiek aspect van gebruikersonderzoek? We kunnen het bijvoorbeeld hebben over hoe u een effectief onderzoeksplan maakt, hoe u kwalitatieve data analyseert of hoe u prototypingtools gebruikt om uw ideeën te testen.

Gebruikerspersona's maken: een gedetailleerd profiel van uw gebruikers maken

Wat zijn gebruikerspersona's?

User personas zijn fictieve representaties van typische gebruikers die interacteren met uw product of service. Ze zijn gebaseerd op echte data verzameld via gebruikersonderzoek en worden gebruikt om ontwerp- en ontwikkelingsinspanningen te richten op een specifiek doel.

Waarom zijn ze belangrijk?

- **Focus:** Ze zorgen ervoor dat de focus op de gebruikers blijft liggen tijdens het hele ontwikkelingsproces.
- **Empathie:** Ze stimuleren empathie bij gebruikers, waardoor ze hun behoeften en frustraties beter begrijpen.
- **Besluitvorming:** Zij sturen ontwerp- en zakelijke beslissingen.
- **Communicatie:** Zij faciliteren de communicatie binnen het team en met de klanten.

Hoe maak je een gebruikerspersona:

1. **Onderzoek:**

   - **Interviews:** Vraag gebruikers om te praten over hun gewoontes, doelen en frustraties.
   - **Enquêtes:** verzamel kwantitatieve gegevens over een grotere steekproef van gebruikers.
   - **Gegevensanalyse:** analyseer verzamelde gegevens om patronen en trends te identificeren.

2. **Definitie:**

   - **Demografie:** leeftijd, geslacht, beroep, opleidingsniveau, inkomen.
   - **Psychologisch:** ambities, waarden, houdingen, persoonlijkheid.

- **Gedrag:** Gewoontes, interesses, levensstijl.
- **Doelen:** Wat willen ze bereiken door uw product te gebruiken?
- **Frustraties:** Wat zijn hun grootste problemen?
- **Digitaal burgerschap:** Niveau van technologische competentie.

3. **Weergave:**

- **Naam:** Geef je persoon een naam om hem/haar menselijker te maken.
- **Foto:** Kies een afbeelding die de persoon visueel weergeeft.
- **Biografie:** Schrijf een korte biografie waarin je je dagelijkse leven en gewoontes beschrijft.
- **Citaten:** Voeg enkele citaten toe die zijn gedachten en meningen samenvatten.

Voorbeeld van een gebruikerspersona:

Naam: Marta Rossi **Leeftijd:** 35 **Beroep:** Marketing Manager **Doelstellingen:**

- Vind snel informatie die relevant is voor uw werk
- Verhoog uw productiviteit
- Een evenwicht tussen werk en privéleven behouden
- **Frustraties:**
- Ze voelt zich overweldigd door de hoeveelheid informatie die online beschikbaar is
- Heeft moeite met het vinden van effectieve tools voor tijdmanagement
- **Citaten:** "Ik wou dat ik meer tijd had om aan mijn passies te besteden." "Ik haat het om tijd te verspillen aan het zoeken naar nutteloze informatie."

Hoe u gebruikerspersona's kunt gebruiken:

- **Ontwerp:** Gebruik persona's als referentie voor het nemen van ontwerpbeslissingen.
- **Copywriting:** Schrijf content die relevant en interessant is voor uw persona's.
- **Marketing:** Bepaal welke marketingkanalen het meest geschikt zijn om uw persona's te bereiken.
- **Productontwikkeling:** Geef prioriteit aan de functies die het belangrijkst zijn voor uw persona's.

Extra tips:

- **Creëer meerdere persona's:** het komt zelden voor dat een product slechts één type gebruiker heeft.
- **Werk persona's regelmatig bij:** persona's zijn niet statisch, maar evolueren in de loop van de tijd.

- **Betrek het team:** betrek alle teamleden bij het maken en gebruiken van persona's.

Concluderend zijn gebruikerspersona's een krachtig hulpmiddel om uw gebruikers beter te begrijpen en producten te creëren die aan hun behoeften voldoen. Door tijd te investeren in het creëren van gedetailleerde persona's, vergroot u uw kansen op succes.

Analyse van de dynamiek van gebruikersinteractie: een reis naar het hart van de gebruikerservaring

Het analyseren van de dynamiek van gebruikersinteractie is essentieel voor het ontwerpen van digitale producten die intuïtief, efficiënt en bevredigend zijn.

Wat betekent het om interactiedynamiek te analyseren?

Het betekent dat we bestuderen **hoe gebruikers** in elk opzicht met een product omgaan, van de simpelste acties (klikken op een knop) tot de meest complexe (een aankoop doen). Dit stelt ons in staat om te begrijpen:

- **Wat gebruikers doen:** welke acties ze uitvoeren, in welke volgorde en hoe vaak.
- **Waarom doen ze het:** Wat zijn hun doelen en motivaties?
- **Hoe ze zich voelen:** welke emoties ze ervaren tijdens de interactie.
- **Waar ze tegen problemen aanlopen:** Wat zijn de knelpunten in de gebruikerservaring?

Analyseniveaus: macro en micro

- **Macroniveau:** We analyseren de **algehele gebruikersreis** binnen het product. Dit stelt ons in staat om de belangrijkste fasen van interactie te identificeren en te begrijpen hoe gebruikers navigeren tussen verschillende secties.
- **Microniveau:** We richten ons op **individuele interface-elementen** en **meer specifieke interacties** . We analyseren hoe gebruikers omgaan met knoppen, invoervelden, menu's, enzovoort.

Visualiseer mogelijke gebruikersacties: stroomkaarten en toestandsdiagrammen

Om mogelijke gebruikersacties te visualiseren, kunnen we verschillende technieken gebruiken:

- **Stroomkaarten:** geven de verschillende fasen van een proces grafisch weer en tonen mogelijke beslissingen en de gevolgen daarvan.
- **Toestandsdiagrammen:** Beschrijf de verschillende toestanden van een

systeem en de overgangen tussen deze toestanden.

- **User journey maps:** visualiseren het pad dat de gebruiker door een product of dienst aflegt, waarbij de contactmomenten en emoties in elke fase worden benadrukt.

Waarom is het belangrijk om gebruikersacties te visualiseren?

- **Duidelijkheid:** Hiermee krijgt u een overzicht van mogelijke interacties.
- **Problemen identificeren:** knelpunten en verbeterpunten identificeren.
- **Communicatie:** vergemakkelijkt de communicatie tussen teamleden.
- **Scenariovoorspelling:** helpt voorspellen hoe gebruikers het product in de toekomst zullen gebruiken.

Handige hulpmiddelen voor het analyseren van interacties

- **Webanalysesoftware:** Google Analytics, Adobe Analytics
- **Prototypingsoftware:** Figma, Sketch, Adobe XD
- **Schermopnamesoftware:** Loom, Hotjar
- **Heatmap-software:** Hotjar, Crazy Egg

Voorbeeldvragen om uw analyse te begeleiden

- Wat zijn de belangrijkste doelen van gebruikers bij de interactie met het product?
- Wat zijn de meest voorkomende toegangspunten?
- Wat zijn de meest voorkomende taken?
- Wat zijn de grootste obstakels waar gebruikers tegenaan lopen?
- Welke emoties ervaren gebruikers het meest?

Tot slot

Het analyseren van de dynamiek van gebruikersinteractie is een doorlopend proces waarmee we de gebruikerservaring voortdurend kunnen verbeteren. **Door mogelijke gebruikersacties te visualiseren,** krijgen we een dieper inzicht in hun behoeften en kunnen we intuïtievere en effectievere producten ontwerpen.

Business Requirements Document (BRD): De brug tussen de behoeften van de klant en het eindproduct

Het Business Requirements Document (BRD) is een fundamenteel document dat dient om alle informatie die tijdens de vorige fasen van het project is verzameld, samen te vatten en te formaliseren. Het is als een contract tussen het ontwikkelteam en de klant, dat ervoor zorgt dat iedereen op dezelfde pagina zit met betrekking tot de doelen, functies en verwachtingen van het product.

Wat bevat een BRD?

Een goed gestructureerde BRD moet het volgende omvatten:

- **Samenvatting:** Een beknopte samenvatting van de belangrijkste punten van het document, inclusief de projectdoelstellingen, verwachte voordelen en belangrijkste vereisten.
- **Projectbeschrijving:** Een gedetailleerde beschrijving van het project, inclusief de bedrijfsdoelstellingen, de marktcontext en de omvang van het project.
- **Gebruikersdefinitie:** Een beschrijving van gebruikerspersona's, inclusief hun doelen, behoeften en gedragingen.
- **Functionele vereisten:** Een gedetailleerde lijst met functies die het product moet bieden, met een duidelijke beschrijving van hoe elke functie aan een specifieke gebruikersbehoefte voldoet.
- **Niet-functionele vereisten:** vereisten die niet direct verband houden met de functionaliteit van het product, maar wel belangrijk zijn, zoals prestaties, beveiliging, compatibiliteit en toegankelijkheid.
- **Beperkingen:** Beperkingen qua tijd, budget, middelen of technologie die van invloed kunnen zijn op het project.
- **Succescriteria:** Metrieken en belangrijke prestatie-indicatoren (KPI's) die worden gebruikt om het succes van het project te meten.

Waarom is BRD belangrijk?

- **Uitlijning:** zorgt ervoor dat alle belanghebbenden dezelfde visie hebben op de projectdoelen.
- **Communicatie:** fungeert als referentiepunt voor productontwikkeling en klantcommunicatie.
- **Projectmanagement:** biedt een solide basis voor planning, kostenramingen en projectmanagement.
- **Risicobeperking:** helpt potentiële projectrisico's te identificeren en beperken.

Hoe creëer je een effectieve BRD?

- **Betrek de klant:** zorg ervoor dat de klant betrokken is bij het opstellen van de BRD en het definitieve document goedkeurt.
- **Gebruik duidelijke en beknopte taal:** vermijd overdreven technische details en gebruik taal die iedereen kan begrijpen.
- **Wees specifiek:** definieer de vereisten duidelijk en vermijd generalisaties.
- **Gebruik diagrammen en visualisaties:** maak uw document begrijpelijker door stroomdiagrammen, wireframes en mockups te

gebruiken.
- **Regelmatig herzien en bijwerken:** de BRD is een levend document en moet worden bijgewerkt naarmate het project vordert.

Tot slot

BRD is een essentieel hulpmiddel om het succes van een softwareontwikkelingsproject te garanderen. Hiermee kunt u de verwachtingen van de klant afstemmen op de capaciteiten van het ontwikkelingsteam, waardoor het risico op misverstanden wordt verminderd en het eindproduct voldoet aan de behoeften van de gebruikers.

Wilt u dieper ingaan op een specifiek aspect van BRD? We kunnen het bijvoorbeeld hebben over hoe u effectieve functionele vereisten creëert, hoe u wijzigingen in vereisten beheert tijdens het project of hoe u BRD gebruikt om kosten te schatten.

Informatiearchitectuur: de skeletstructuur van uw digitale product

Informatiearchitectuur (IA) is als het skelet van een levend organisme: het vormt de basis waarop al het andere is gebouwd. In de wereld van digitaal ontwerp definieert IA de logische en semantische organisatie van content, waardoor het gemakkelijk te vinden, begrijpen en gebruiken is.

Waarom is informatiearchitectuur belangrijk?

- **Gebruiksgemak:** Een goed ontworpen AI zorgt ervoor dat het product intuïtief en gemakkelijk te navigeren is.
- **Vindbaarheid:** Gebruikers kunnen snel de informatie vinden die ze nodig hebben.
- **Consistentie:** zorgt voor een consistente gebruikerservaring binnen het hele product.
- **Schaalbaarheid:** zorgt ervoor dat het product in de loop van de tijd kan groeien en evolueren.

Basisprincipes van informatiearchitectuur

- **Structuur:** Hoe is de inhoud georganiseerd? (Hiërarchieën, categorieën, tags)
- **Navigatie:** Hoe navigeren gebruikers door het product? (Menu, breadcrumbs, zoeken)
- **Labels:** Welke woorden worden gebruikt om de inhoud te beschrijven?

- **Metanaam:** Welke aanvullende informatie (datum, auteur, enz.) is gekoppeld aan de inhoud?
- **Conventies:** Wat zijn de regels en conventies die de organisatie van content bepalen?

Hoe u een effectieve informatiearchitectuur ontwerpt

1. **Begrijp uw gebruikers:** Wie zijn uw gebruikers? Wat zijn hun doelen?
2. **Definieer de inhoud:** Wat zijn de belangrijkste inhoudsstoffen van uw product?
3. **Creëer een structuur:** organiseer inhoud in een logische hiërarchie.
4. **Kies uw termen:** Gebruik duidelijke en consistente taal.
5. **Ontwerp Navigatie:** Creëer een intuïtief navigatiesysteem.
6. **Hoofd:** Controleer of de architectuur effectief is voor gebruikers.

Nuttige technieken voor AI-ontwerp

- **Kaartsortering:** vraag gebruikers om inhoud in categorieën te groeperen.
- **Boomtesten:** evalueert de begrijpelijkheid van de informatiestructuur.
- **Stroomdiagrammen:** Visualiseer gebruikersreizen.
- **Wireframe:** maak een visuele weergave van de structuur.

Voorbeelden van informatiestructuren

- **Hiërarchisch:** Organisatie in niveaus, zoals een boom.
- **Taggebaseerd:** tags gebruiken om inhoud te classificeren.
- **Gefacetteerd:** Combinatie van meerdere zoekcriteria.
- **Geografisch:** Organisatie op basis van geografische locatie.

Handige hulpmiddelen voor AI-ontwerp

- **Prototypingsoftware:** Figma, Sketch, Adobe XD
- **Hulpmiddelen voor mind mapping:** MindMeister, Coggle
- **Spreadsheets:** Excel, Google Sheets

Concluderend is informatiearchitectuur een fundamenteel element in het ontwerpen van een succesvolle gebruikerservaring. Goede IA maakt uw produc eenvoudig te gebruiken, navigeren en begrijpen, wat de gebruikerstevredenheid en het succes van uw product vergroot.

Wireframing: het skelet van uw interface

Wireframing is te vergelijken met het maken van een schets van een gebouw voordat je het bouwt: het stelt je in staat om de structuur en organisatie van een gebruikersinterface te visualiseren zonder dat je je druk hoeft te maken over esthetiek.

Waarom is het belangrijk?

- **Focus op structuur:** Hiermee kunt u zich concentreren op de organisatie van de inhoud, navigatie en gebruikersinteractie zonder afleidingen door grafische elementen.
- **Effectieve communicatie:** vergemakkelijkt de communicatie tussen ontwerpers, ontwikkelaars en belanghebbenden, waardoor er efficiënt over het ontwerp kan worden gediscussieerd en verbeteringen kunnen worden doorgevoerd.
- **Bespaar tijd en middelen:** identificeer potentiële problemen vroegtijdig en voorkom kostbare wijzigingen later.
- **Stevige basis voor ontwerp:** biedt een solide basis voor de daaropvolgende visuele ontwerpcreatie.

Wat bevat een wireframe?

- **Interface-elementen:** knoppen, invoervelden, menu's, kopteksten, voetteksten, enz.
- **Lay-out:** De manier waarop elementen op het scherm worden gerangschikt.
- **Inhoud:** Voorbeeldtekst om aan te geven welk type inhoud wordt weergegeven.
- **Navigatie:** Hoe gebruikers van de ene pagina naar de andere gaan.

Soorten wireframes

- **Lage betrouwbaarheid:** Schetsen gemaakt met de hand of met eenvoudige hulpmiddelen, ideaal voor de beginfase van een brainstormsessie.
- **Mid-fidelity:** Gedetailleerder, met gebruik van ontwerphulpmiddelen en meer aandacht voor de lay-out van elementen.
- **Hoge getrouwheid:** Bijna niet te onderscheiden van het uiteindelijke ontwerp, met toevoeging van enkele grafische elementen.

Hulpmiddelen voor het maken van wireframes:

- **Gespecialiseerde software:** Figma, Sketch, Adobe XD, InVision
- **Snelle prototyping-hulpmiddelen:** Balsamiq, Wireframe.cc
- **Presentatiehulpmiddelen:** PowerPoint, Keynote

Tips voor het maken van effectieve wireframes:

- **Houd het simpel:** concentreer je op de essentie.
- **Gebruik een raster:** hiermee creëert u een nette en consistente lay-out.
- **Gebruik duidelijke visuele taal:** gebruik eenvoudige pictogrammen en

symbolen om interface-elementen weer te geven.
- **Test je wireframes:** vraag anderen om feedback om eventuele problemen te signaleren.

Concluderend is wireframing een fundamentele stap in het UI-ontwerpproces. Het stelt u in staat een solide basis te creëren waarop u een intuïtieve en boeiende gebruikerservaring kunt bouwen.

Low-Fidelity Prototyping en Usability Testing: Uw Ideeën op de Test zetten

Low-fidelity prototyping en bruikbaarheidstesten zijn essentiële hulpmiddelen om de effectiviteit van een gebruikersinterface vroeg in het ontwerpproces te evalueren.

Wat is een Low-Fidelity Prototype?

Een low-fidelity prototype is een vereenvoudigde weergave van een gebruikersinterface, vaak digitaal of zelfs met pen en papier. Het doel is om de essentie van de interactie vast te leggen zonder je zorgen te maken over esthetiek.

Waarom is het belangrijk?

- **Snelheid:** Low-fi prototypes kunnen snel worden gemaakt, waardoor u in korte tijd verschillende ideeën kunt uitproberen en testen.
- **Flexibiliteit:** Ze zijn eenvoudig aan te passen en te wijzigen op basis van feedback van gebruikers.
- **Focus op interactie:** Hiermee kunt u zich richten op de gebruikerservaring en de effectiviteit van functionaliteit.

Hulpmiddelen voor prototyping met lage betrouwbaarheid

- **InVision:** een geweldige keuze voor het maken van interactieve en collaboratieve prototypes.
- **Marvel:** Eenvoudig in gebruik en ideaal voor het snel maken van prototypes.
- **Balsamiq:** Gespecialiseerd in wireframing en low-fi prototyping.
- **Figma:** Naast wireframes kun je er ook gedetailleerdere prototypes mee maken.

Hoe u bruikbaarheidstesten uitvoert met een prototype met lage

betrouwbaarheid

1. **Bepaal uw doelen:** wat wilt u met de test te weten komen?
2. **Deelnemers selecteren:** Kies gebruikers die uw doelgroep vertegenwoordigen.
3. **Maak het prototype klaar:** zorg ervoor dat het duidelijk en gemakkelijk te navigeren is.
4. **Maak een scenario:** Definieer een specifieke taak die de gebruiker moet uitvoeren.
5. **Observeer en maak aantekeningen:** observeer hoe de gebruiker omgaat met het prototype en noteer zijn/haar acties, moeilijkheden en opmerkingen.
6. **Analyseer uw resultaten:** identificeer de sterke en zwakke punten van uw ontwerp.

Waar u op moet letten tijdens een bruikbaarheidstest

- **Gebruiksgemak:** Kan de gebruiker de taak zonder problemen voltooien?
- **Begrijpelijkheid:** Is de interface duidelijk en intuïtief?
- **Efficiëntie:** Hoe lang duurt het voordat de gebruiker de taak heeft voltooid?
- **Tevredenheid:** Is de gebruiker tevreden met de ervaring?

Voordelen van bruikbaarheidstesten met low-fidelity prototypes

- **Vroegtijdige probleemidentificatie:** Hiermee kunt u problemen identificeren en oplossen voordat ze in het eindproduct worden verwerkt.
- **Verbeterde gebruikerservaring:** zorgt voor een intuïtievere en prettigere interface.
- **Kostenbesparing:** voorkom dat u functies ontwikkelt die niet werken.

Concluderend zijn low-fidelity prototyping en usability testing een fundamentele investering om het succes van een digitaal product te verzekeren. Ze stellen u in staat om waardevolle feedback van gebruikers te verkrijgen en het ontwerp voortdurend te verbeteren.

Itereren op prototypes: het ontwerp verfijnen op basis van feedback van gebruikers

Itereren op prototypes betekent de resultaten van bruikbaarheidstests gebruiken om veranderingen en verbeteringen aan te brengen in uw wireframes. Het is een doorlopend proces waarmee u het ontwerp van uw product kunt verfijnen, waardoor het steeds intuïtiever en gebruiksvriendelijker wordt.

Waarom itereren?

- **Verbeter de gebruikerservaring:** door te testen, weet u waar gebruikers problemen of verwarring ervaren. Zo kunt u wijzigingen aanbrengen om de interface duidelijker en intuïtiever te maken.
- **Valideer uw beslissingen:** de gegevens die tijdens het testen worden verzameld, bevestigen of uw ontwerpkeuzes juist waren of dat er correcties moeten worden doorgevoerd.
- **Kostenbesparing:** Door problemen vroeg in het project te identificeren en op te lossen, voorkomt u kostbare wijzigingen later.

Hoe u op prototypes kunt itereren

1. **Analyseer testgegevens:** bestudeer zorgvuldig de video's van de testsessies, opmerkingen van gebruikers en de aantekeningen die u hebt gemaakt.
2. **Problemen identificeren:** Bepaal specifieke gebieden waar gebruikers problemen ondervonden of ontevredenheid uitten.
3. **Wijzigingen prioriteren:** rangschik problemen op basis van hun ernst en de impact op de gebruikerservaring.
4. **Wireframes bijwerken:** Breng de nodige wijzigingen aan in uw wireframes, rekening houdend met de feedback die u ontvangt.
5. **Test opnieuw:** herhaal het testproces om te zien of de wijzigingen die u hebt aangebracht, problemen hebben opgelost en de gebruikerservaring hebben verbeterd.

Voorbeelden van wijzigingen op basis van gebruikersfeedback

- **Herstructurering van inhoud:** Als gebruikers moeite hebben met het vinden van een bepaald stukje informatie, moet u mogelijk de structuur van uw inhoud herstructureren.
- **Navigatiewijzigingen:** Als gebruikers verdwaald raken of de functie die ze zoeken niet kunnen vinden, moet u mogelijk uw navigatiesysteem aanpassen.
- **Tekst herschrijven:** Als uw tekst verwarrend of dubbelzinnig is, moet u deze mogelijk herschrijven om hem duidelijker te maken.
- **Visuele elementen toevoegen:** Als gebruikers het doel van een element niet begrijpen, kunt u een pictogram of een korte uitleg toevoegen.

Tips voor effectieve iteratie

- **Wees flexibel:** wacht niet totdat u alle gegevens hebt voordat u wijzigingen doorvoert.
- **Werk samen met het team:** betrek alle teamleden bij het iteratieproces.

- **Wijzigingen documenteren:** houd alle wijzigingen en de redenen daarvoor bij.
- **Wees niet bang om ideeën te verwerpen:** als een idee niet werkt, wees dan niet bang om het te verwerpen en iets nieuws te proberen.

Concluderend is iteratie een fundamenteel proces bij het creëren van succesvolle digitale producten. Door te luisteren naar feedback van gebruikers en veranderingen aan te brengen op basis van hun behoeften, kunt u de gebruikerservaring voortdurend verbeteren en ervoor zorgen dat uw product aan de verwachtingen voldoet.

Gebruikersinterface en mockup: ons product aankleden

Nadat we de structuur en de werking van het product hebben vastgelegd aan de hand van wireframes en bruikbaarheidstesten, kunnen we ons eindelijk richten op het visuele aspect: de **gebruikersinterface (UI)** .

Wat is een gebruikersinterface (UI)?

De UI is de grafische interface die de gebruiker ziet en waarmee hij direct communiceert. Het is het visuele deel van het product dat het volgende omvat:

- **Grafische elementen:** kleuren, lettertypen, pictogrammen, afbeeldingen
- **Lay-out:** rangschikking van elementen op het scherm
- **Interactiviteit:** hoe elementen reageren op gebruikersacties

Mockups: Visuele ontwerpen van de gebruikersinterface

Mockups zijn visueel gedetailleerdere representaties van wireframes. Het zijn als high-fidelity-ontwerpen die laten zien hoe de uiteindelijke interface er daadwerkelijk uit zal zien .

Waarom zijn mockups belangrijk?

- **Communicatie:** Hiermee kunt u duidelijker communiceren naar de klant en het ontwikkelteam hoe het eindproduct eruit zal zien.
- **Esthetische evaluatie:** Hiermee kunt u de visuele impact van het ontwerp evalueren en eventuele inconsistenties identificeren.
- **Bruikbaarheidstesten:** Deze kunnen worden gebruikt om verdere bruikbaarheidstesten uit te voeren en feedback te verzamelen over het visuele uiterlijk.

Mockup-creatieproces

1. **Definitie van visuele stijl:** Het kiezen van kleuren, lettertypen, pictogrammen en andere grafische elementen die de visuele identiteit van

het product bepalen.

2. **Mockups maken:** ontwerptools zoals Figma, Sketch of Adobe XD gebruiken om definitieve schermen te maken.
3. **Testen en iteraties:** mockups presenteren aan de klant en het team om feedback te verzamelen en eventuele wijzigingen door te voeren.

Belangrijke elementen om te overwegen bij het maken van mockups

- **Consistentie:** Alle visuele elementen moeten consistent zijn met elkaar en met de merkidentiteit.
- **Gebruiksgemak:** Het ontwerp moet intuïtief en gemakkelijk te navigeren zijn.
- **Toegankelijkheid:** De interface moet toegankelijk zijn voor alle gebruikers, inclusief mensen met een beperking.
- **Responsiviteit:** Het ontwerp moet geschikt zijn voor verschillende apparaten (desktop, tablet, smartphone).

Hulpmiddelen voor het maken van mockups

- **Figma:** een geweldige tool voor samenwerking en interactieve prototyping.
- **Sketch:** Gespecialiseerd in gebruikersinterfaceontwerp.
- **Adobe XD:** maakt deel uit van de Adobe-suite en biedt een breed scala aan ontwerptools.
- **InVision:** Interactief prototyping- en samenwerkingsplatform.

Concluderend is de UI-ontwerpfase essentieel om een product te creëren dat niet alleen functioneel is, maar ook esthetisch aantrekkelijk. Mockups stellen ons in staat om het uiteindelijke resultaat te visualiseren en de laatste wijzigingen aan te brengen voordat we doorgaan naar de ontwikkelingsfase.

Laatste test: de laatste mijl voor de lancering

Voordat het product op de markt wordt gebracht, is het essentieel om het aan een laatste grondige test te onderwerpen. Zo kunnen we eventuele bugs of bruikbaarheidsproblemen identificeren die tijdens de vorige fasen zijn ontsnapt

Waarom een laatste test?

- **Definitieve bevestiging:** controleer of alle functies goed werken en of de gebruikerservaring soepel verloopt.
- **Bugdetectie:** Identificeer eventuele fouten of bugs die van invloed kunnen zijn op de gebruikerservaring.
- **Algemene beoordeling:** Geeft een algemene beoordeling van het produc

vóór de lancering.

Soorten eindtoetsen

- **Acceptatietest:** controleert of het product voldoet aan de eisen die in het vereistendocument zijn gespecificeerd.
- **Gebruiksvriendelijkheidstesten:** beoordeel hoe gemakkelijk uw product te gebruiken is door echte gebruikers.
- **Compatibiliteitstest:** controleer of het product goed werkt op verschillende platforms en apparaten.
- **Belastingstesten:** evalueert de capaciteit van het product om een groot aantal gebruikers en verzoeken te verwerken.
- **Beveiligingstesten:** verifieert of het product beschermd is tegen kwetsbaarheden en cyberaanvallen.

Hoe organiseer je een afsluitende toets?

1. **Doelstelling:** Geef duidelijk aan wat u wilt testen.
2. **Selectie van deelnemers:** Kies een representatieve steekproef van eindgebruikers.
3. **Scenario maken:** Definieer een reeks taken die gebruikers moeten uitvoeren.
4. **De testomgeving voorbereiden:** zorg ervoor dat uw testomgeving stabiel is en vrij van afleidingen.
5. **Tests uitvoeren:** observeer gebruikers terwijl ze taken uitvoeren en verzamel hun feedback.
6. **Resultaten analyseren:** Analyseer de verzamelde gegevens en identificeer eventuele problemen.

Handige hulpmiddelen

- **Schermopnamesoftware:** om testsessies op te nemen.
- **Platforms voor bruikbaarheidstesten op afstand:** zoals UserTesting of Lookback.
- **Gegevensanalysehulpmiddelen:** om testresultaten te analyseren.

Waarop u moet letten tijdens een afsluitende test

- **Bugs en storingen:** Fouten waardoor de gebruiker een taak niet kan voltooien.
- **Problemen met bruikbaarheid:** interface-elementen die verwarrend of moeilijk te gebruiken zijn.
- **Prestaties:** De reactiesnelheid van het product en de vloeiendheid van de

animaties.

- **Compatibiliteit:** Weergave- of bedieningsproblemen op verschillende apparaten.
- **Gebruikerstevredenheid:** het algemene niveau van gebruikerstevredenheid.

Concluderend is de laatste test een cruciale stap in het ontwikkelingsproces van een digitaal product. Het stelt ons in staat om de laatste problemen te identificeren en op te lossen voor de lancering, en zo een optimale gebruikerservaring te garanderen.

Ik wil graag een aantal belangrijke punten benadrukken en verder uitwerken:

- **De waarde van iteratie:** UX-ontwerp is geen lineair proces, maar een spiraal. Elke iteratie brengt ons dichter bij de ideale oplossing, waarbij het product wordt verfijnd op basis van feedback van gebruikers.
- **Het belang van testen:** testen is de kern van UX-ontwerp. Het stelt ons in staat om onze hypothesen te valideren, problemen te identificeren en de effectiviteit van onze oplossingen te meten.
- **Flexibiliteit van het proces:** Er is geen juiste manier om UX Design te doen. Elk project is uniek en vereist een op maat gemaakte aanpak. De schets die u presenteerde is een startpunt, maar kan worden aangepast aan de specifieke behoeften van elk project.
- **Het concept van "lean":** "Lean UX Design" is een aanpak die zich richt op het minimaliseren van verspilling en het maximaliseren van waarde. In deze context zijn snelle iteratie, continue testen en het verzamelen van feedback de sleutel.

Om uw uitleg verder te verrijken, kunt u het volgende toevoegen:

- **De rol van empathie:** De UX Designer moet zich in de schoenen van de gebruiker verplaatsen om diens behoeften, gedrag en frustraties te begrijpen.
- **Het belang van samenwerking:** het succes van een UX-project is afhankelijk van de samenwerking tussen ontwerpers, ontwikkelaars, productmanagers en andere belanghebbenden.
- **Gebruikte hulpmiddelen:** Geef een kort overzicht van de meestgebruikte hulpmiddelen in het UX-ontwerpproces (bijv. Figma, Sketch, Miro, UserTesting).
- **De evolutie van UX-design:** hoe het vakgebied UX-design zich in de loop der tijd heeft ontwikkeld met de komst van nieuwe technologieën en methodologieën.

Een praktisch voorbeeld kan helpen het concept te verduidelijken. U kunt een eenvoudig scenario beschrijven, zoals het ontwerpen van een app voor het bestellen van eten, en uitleggen hoe het UX-ontwerpproces in dit geval van toepassing zou zijn.

Vragen om de discussie te stimuleren:

- Wat zijn de grootste uitdagingen waar een UX-ontwerper tijdens een project mee te maken kan krijgen?
- Hoe meet je het succes van een UX-project?
- Wat zijn de toekomstige trends in UX Design?

Lean **Startup** heeft een revolutie teweeggebracht in de manier waarop we productontwikkeling aanpakken, door een vleugje pragmatisme en flexibiliteit te introduceren.

Om het concept van Lean UX nog duidelijker te maken, kunt u het volgende toevoegen:

- **Waarom Lean?:** Uitleg over hoe Lean Startup perfect past in de wereld van UX Design, waar flexibiliteit en het vermogen om zich aan te passen aan feedback van gebruikers essentieel zijn.
- **Belangrijkste principes van Lean UX:** Naast de build-measure-learn-cyclus kunt u ook andere principes noemen, zoals:
    - **Minimum Viable Product (MVP):** Het creëren van een minimale versie van het product met de essentiële kenmerken om een idee te testen.
    - **Pivot:** het vermogen om van richting te veranderen op basis van testresultaten, zonder angst om ideeën die niet werken, weg te gooien.
    - **Experimentcultuur:** een werkomgeving die experimenteren en continu leren aanmoedigt.
- **Handige tools:** presenteer een aantal specifieke tools voor Lean UX, zoals:
    - **Kanban:** visualiseer uw workflow en beheer taken.
    - **A/B-testen:** verschillende versies van een interface of functie vergelijken.
    - **Heatmaps:** om gebruikersgedrag op webpagina's te analyseren.

Een praktisch voorbeeld kan erg nuttig zijn. Je zou kunnen beschrijven hoe een bedrijf Lean UX kan toepassen om een nieuwe mobiele app te ontwikkelen, beginnend bij een eerste idee en door de verschillende build-measure-learn cycli heen.

Daarnaast kunt u de voordelen van Lean UX benadrukken:

- **Risicoreductie:** Problemen vroegtijdig identificeren en oplossen, zodat kosten en vertragingen worden vermeden.

- **Verhoog de klanttevredenheid:** creëer producten die echt voldoen aan de behoeften van de gebruiker.
- **Grotere flexibiliteit:** snel inspelen op veranderingen in de markt en nieuwe technologieën.

Hier is een mogelijk voorbeeld van hoe u een completere uitleg zou kunnen structureren:

Lean UX is een aanpak waarmee we digitale producten op een efficiëntere en gebruikersgerichte manier kunnen ontwikkelen. Gebaseerd op de principes van de Lean Startup, nodigt Lean UX ons uit om minimale prototypes (MVP) te bouwen, deze snel te testen met gebruikers en te itereren op basis van ontvangen feedback.

De build-measure-learn-cyclus vormt de kern van deze aanpak. We beginnen met het bouwen van een vereenvoudigde versie van het product, testen het met een groep gebruikers, meten hun reactie en verzamelen hun feedback. Op basis van deze gegevens passen we het product aan en herhalen we de cyclus.

Een praktisch voorbeeld: Stel dat we een nieuwe app willen ontwikkelen om eten te bestellen. In plaats van maanden te besteden aan het ontwikkelen van een volledige app, beginnen we met het maken van een MVP met de essentiële functies: restaurant zoeken, winkelwagen maken en betalen. We testen deze versie met een kleine groep gebruikers en verzamelen hun feedback.

Misschien hebben gebruikers moeite met het vinden van de restaurants die ze zoeken of met het afronden van de checkout. Op basis van deze feedback passen we de zoekinterface aan, vereenvoudigen we het checkout-proces en testen we opnieuw.

Lean UX heeft talloze voordelen:

- **Risicobeperking:** We identificeren en verhelpen problemen vroegtijdig, zodat we niet hoeven te investeren in ongebruikte functies.
- **Meer klanttevredenheid:** We creëren producten die echt voldoen aan de behoeften van gebruikers. **Grotere wendbaarheid:** We passen ons snel aan veranderingen in de markt en nieuwe technologieën aan.

Concluderend is Lean UX een fundamentele aanpak voor elke ontwerper die succesvolle digitale producten wil creëren. Door ons in staat te stellen wendbaarder, meer gebruikersgericht en bereidwilliger te zijn om van onze fouten te leren, helpt Lean UX ons om echt betekenisvolle digitale ervaringen te creëren.

Het UX-ontwerpproces is een reis, geen bestemming. Het is een dynamisch en aanpasbaar pad dat flexibiliteit en een diepgaand begrip van de behoeften van de gebruiker vereist.

Hier zijn enkele belangrijke punten om het UX-ontwerpproces onder de knie te krijgen:

- **Flexibiliteit is de sleutel:** Elk project is uniek en vereist een op maat gemaakte aanpak. Er is geen magische formule die altijd werkt.
- **Gebruikersgericht:** het uiteindelijke doel is altijd om een positieve en bevredigende gebruikerservaring te creëren.
- **Het belang van iteratie:** het UX-ontwerpproces is iteratief. Je begint met een idee, bouwt een prototype, test gebruikers en itereert totdat je de optimale oplossing hebt bereikt.
- **Samenwerking is essentieel:** de UX-ontwerper werkt nauw samen met andere professionals, zoals ontwikkelaars, productmanagers en belanghebbenden.
- **Continue training:** De wereld van design en technologie is constant in ontwikkeling. Het is belangrijk om op de hoogte te blijven van de laatste trends en tools.

Om uw begrip van het UX-ontwerpproces te verdiepen, kunt u het volgende doen:

- **Bestudeer verschillende frameworks:** Er zijn verschillende UX-designframeworks, zoals Double Diamond, Design Thinking en Lean UX. Elk heeft zijn eigen eigenaardigheden, maar ze delen allemaal het doel om gebruikerservaringen van hoge kwaliteit te creëren.
- **Experimenteer met verschillende hulpmiddelen:** Er zijn talloze digitale hulpmiddelen die u kunnen helpen bij de verschillende fasen van het UX-ontwerpproces, van het maken van wireframes tot het uitvoeren van bruikbaarheidstests.
- **Neem deel aan online communities:** door deel te nemen aan UX-designforums en -groepen kunt u in contact komen met andere professionals en leren van verschillende ervaringen.
- **Werken aan persoonlijke projecten:** Door je kennis in de praktijk te brengen in persoonlijke projecten, kun je je vaardigheden ontwikkelen en een portfolio opbouwen.

Concluderend , het beheersen van het UX-ontwerpproces vereist tijd, toewijding en een constante wil om te leren. Maar de resultaten, in termen van persoonlijke voldoening en professioneel succes, zijn zeker de moeite waard.

De gebruiker staat centraal in elk UX-ontwerpproject. Focussen op hun kenmerken, behoeften en gedragingen is essentieel om zinvolle en bevredigende ervaringen te creëren.

Laten we eens dieper ingaan op enkele belangrijke punten:

- **User Personas:** Deze fictieve profielen vertegenwoordigen onze ideale gebruikers, met hun demografische, gedragsmatige en psychologische kenmerken. Het creëren van user personas helpt ons om beter geïnformeerde ontwerpbeslissingen te nemen en ons te richten op de specifieke behoeften van ons publiek.
- **Empathie:** Jezelf in de schoenen van de gebruiker verplaatsen is essentieel. Door middel van interviews, observaties en bruikbaarheidstesten kunnen we hun frustraties, motivaties en verwachtingen begrijpen.
- **Personalisatie:** Het afstemmen van gebruikerservaringen op individuele kenmerken is een groeiende trend. Het personaliseren van content, aanbevelingen en interfaces kan de gebruikerstevredenheid aanzienlijk verhogen.
- **Toegankelijkheid:** Ontwerpen voor iedereen betekent rekening houden met de behoeften van gebruikers met een beperking. Een product toegankelijk maken is niet alleen een wettelijke vereiste, maar ook een kans om een breder publiek te bereiken.

Een praktisch voorbeeld:

Stel dat we een meditatie-app ontwerpen. Gebruikerspersona's kunnen het volgende omvatten:

- **Persoon 1:** Een gestreste professional die probeert zijn angst te verminderen.
- **Persoon 2:** Een drukke ouder die gedurende de dag behoefte heeft aan ontspanningsmomenten.
- **Persoon 3:** Een tiener die zijn concentratie tijdens het studeren wil verbeteren.

Voor elke persoon kunnen we specifieke doelen, gedragingen en voorkeuren definiëren. De gestreste persoon kan bijvoorbeeld de voorkeur geven aan korte, begeleide meditaties, terwijl de tiener meer geïnteresseerd kan zijn in dynamische, interactieve meditaties.

Hoe u dit concept kunt integreren in uw UX-ontwerpproces:

1. **Onderzoek:** voer diepgaand onderzoek uit om uw doelgroep te begrijpen

2. **Gebruikerspersona's maken:** definieer gedetailleerde profielen van uw ideale gebruikers.
3. **Empathie:** Verplaats je in de schoenen van je gebruikers en probeer hun standpunt te begrijpen.
4. **Gebruiksvriendelijkheidstesten:** betrek gebruikers bij testen om feedback te verzamelen en uw ontwerpbeslissingen te valideren.
5. **Iteratie:** blijf uw product verbeteren op basis van feedback van gebruikers.

Concluderend kunnen we stellen dat het essentieel is om de gebruiker centraal te stellen in het ontwerpproces om producten te creëren die niet alleen functioneel zijn, maar ook betekenisvol en memorabel.

De gebruiker centraal stellen in het ontwerpproces is essentieel. Feedback vragen aan gebruikers, vooral in de beginfase van een project, is als een kompas dat ons de juiste richting wijst.

Daarom is het zo belangrijk om gebruikers vanaf het begin te betrekken:

- **Valideer uw hypothesen:** door interviews, onderzoek en testen kunt u verifiëren of uw intuïties over het product en de gebruikers correct zijn.
- **Ontdek verborgen behoeften:** Gebruikers hebben vaak behoeften die ze niet openlijk uiten. Door actief naar ze te luisteren, kunt u kansen identificeren die u anders over het hoofd zou hebben gezien.
- **Ontvang waardevolle feedback:** feedback van gebruikers helpt u uw product te verbeteren en beter af te stemmen op hun behoeften.
- **Vergroot de betrokkenheid:** door gebruikers bij het ontwerpproces te betrekken, voelen ze zich betrokken bij het project en vergroot u de kans dat ze trouwe klanten worden.

Enkele specifieke manieren om gebruikers te betrekken:

- **Interviews:** individuele gesprekken met gebruikers om een beter inzicht te krijgen in hun behoeften en ervaringen.
- **Focusgroepen:** Groepsdiscussies om gemeenschappelijke trends en meningen te identificeren.
- **Vragenlijsten:** online of papieren enquêtes om kwantitatieve gegevens te verzamelen van een grotere steekproef van gebruikers.
- **Bruikbaarheidstesten:** gebruikers observeren terwijl ze met een productprototype omgaan om eventuele bruikbaarheidsproblemen te identificeren.

In het freelancevoorbeeld zou je het volgende kunnen doen:

- **Interview freelancers uit verschillende branches:** om inzicht te krijgen in hun dagelijkse uitdagingen, de tools die ze gebruiken en hun verwachtingen van een product dat speciaal voor hen is ontworpen.

- **Organiseer een focusgroep:** bespreek specifieke onderwerpen in een groep, zoals tijdmanagement, facturering of het vinden van nieuwe klanten.
- **Maak een online vragenlijst:** verzamel kwantitatieve gegevens over een grote steekproef van freelancers, bijvoorbeeld over hun gebruik van bepaalde software of tevredenheid over bestaande diensten.

Onthoud: het doel is niet alleen om data te verzamelen, maar ook om het 'waarom' achter de reacties van gebruikers te begrijpen. **Empathie** is de sleutel tot het correct interpreteren van feedback en het omzetten van inzichten in concrete acties.

Continue iteratie is de sleutel tot goed UX-ontwerp.

Het is essentieel om ons werk te onderwerpen aan een continu proces van verificatie en verbetering. Door een begrijpelijk wireframe te maken en het te onderwerpen aan vroege bruikbaarheidstesten, kunnen we:

- **Problemen snel identificeren:** knelpunten zijn vaak het duidelijkst zichtbaar in de beginfase van de ontwikkeling, wanneer het product nog vormbaar is.
- **Bespaar tijd en middelen:** het is veel efficiënter om bugs in een vroeg stadium te verhelpen dan om het product pas laat in de ontwikkeling helemaal opnieuw te moeten ontwerpen.
- **Vergroot de gebruikerstevredenheid:** door gebruikers al vanaf het begin te betrekken, zorgen we ervoor dat het eindproduct daadwerkelijk aan hun behoeften voldoet.

De iteratieve cyclus in de praktijk:

1. **Wireframing:** Het creëren van een schematische structuur van de interface, met de nadruk op de informatiearchitectuur en de rangschikking van elementen.
2. **Prototyping:** Het creëren van een interactief prototype, zelfs in lage kwaliteit, om de gebruikerservaring te simuleren.
3. **Bruikbaarheidstesten:** het observeren van echte gebruikers terwijl ze met het prototype omgaan, om eventuele moeilijkheden en knelpunten te identificeren.
4. **Iteratie:** Op basis van de verzamelde feedback worden de nodige wijzigingen in het ontwerp aangebracht en wordt de cyclus herhaald.

Waarom is een wireframe voldoende voor een bruikbaarheidstest?

- **Focus op interactie:** zelfs een wireframe kan belangrijk inzicht bieden in de interactie van de gebruiker met het product.

- **Bespaar tijd en middelen:** het maken van een prototype met hoge betrouwbaarheid kost meer tijd en middelen.
- **Evaluatie van informatiearchitectuur:** Met een wireframe kunt u de structuur en navigatie van de interface evalueren.

Tips voor een effectieve bruikbaarheidstest op een wireframe:

- **Kies de juiste gebruikers:** zorg ervoor dat de testdeelnemers uw doelgroep vertegenwoordigen.
- **Bepaal je doelen:** Wat wil je met de test te weten komen? Wat zijn je grootste twijfels?
- **Taak maken:** Definieer een reeks taken die de gebruiker moet uitvoeren.
- **Observeer en maak aantekeningen:** Observeer tijdens de test zorgvuldig het gedrag van de gebruikers en maak aantekeningen over hun reacties.
- **Vraag om feedback:** vraag gebruikers aan het einde van de test om hun indrukken te delen.

Concluderend zijn continue iteratie en betrokkenheid van gebruikers vroeg in de ontwikkeling de sleutel tot het creëren van succesvolle producten. **Wireframing is een waardevolle tool om dit proces te starten en snel ontwerpzwakheden te identificeren.**

De aanpak die u beschrijft, is de kern van **design thinking** en **lean UX** . Het idee is om **snel te falen om snel te leren** . In plaats van een product te perfectioneren voordat u het aan gebruikers laat zien, is het veel effectiever om ruwe prototypes te maken, deze snel te testen en te itereren op basis van feedback.

Waarom deze aanpak zo voordelig is:

- **Risicobeperking:** Door problemen vroegtijdig te identificeren en op te lossen, voorkomt u dat u tijd en middelen investeert in oplossingen die mogelijk niet werken.
- **Grotere gebruikerstevredenheid:** door gebruikers al vroeg bij het proces te betrekken, vergroot u de kans dat u een product creëert dat daadwerkelijk aan hun behoeften voldoet.
- **Grotere flexibiliteit:** dankzij continue iteratie kunt u zich snel aanpassen aan veranderingen in de markt en nieuwe technologieën.

Hoe deze aanpak in de praktijk te brengen:

- **Rapid Prototyping:** Gebruik hulpmiddelen zoals Figma, Sketch of InVision om snel en efficiënt interactieve prototypes te maken.
- **Regelmatige bruikbaarheidstesten:** voer regelmatig bruikbaarheidstesten uit om voortdurend feedback te verzamelen.

- **Korte iteraties:** Wijzig het ontwerp op basis van feedback en herhaal de testcyclus.
- **Experimenteercultuur:** stimuleer een werkomgeving waarin falen wordt gezien als een leermogelijkheid.

Een praktisch voorbeeld:

Stel je voor dat we een app voor restaurantreserveringen ontwikkelen. In plaats van maanden te besteden aan het ontwerpen van een perfecte interface, kunnen we een basisprototype maken met de essentiële functies (zoeken, reserveren, betalen) en dit testen met een groep gebruikers.

Testen kan uitwijzen dat gebruikers moeite hebben met het vinden van specifieke restaurants of dat het boekingsproces te lang duurt. Op basis van deze feedback kunnen we de zoekfunctie verbeteren, de boekingsstroom stroomlijnen en de test herhalen.

Concluderend is de "fail fast"-aanpak essentieel voor het creëren van succesvolle digitale producten. **Het belangrijkste is om een open geest te hebben, bereid te zijn om van richting te veranderen en te leren van je fouten.**

Optimaliseren van het UX-ontwerpproces: een methodologische aanpak

Om een succesvol eindresultaat te garanderen, is het essentieel om nauwkeurige methodologieën en technieken te hanteren waarmee we:

- **Zorg dat u de behoeften van de klant goed begrijpt:** door verzoeken zorgvuldig te analyseren en duidelijke doelstellingen te definiëren.
- **Organiseer inhoud effectief:** creëer een duidelijke en intuïtieve informatiestructuur.
- **Verken de app-functies systematisch:** Zorg voor een soepele en bevredigende gebruikerservaring.

Belangrijkste methodologieën voor optimalisatie:

- **Customer Journey Mapping:** Met deze techniek kunnen we het pad visualiseren dat de gebruiker neemt bij interactie met het product of de service. Door elk contactpunt te analyseren, kunnen we potentiële problemen en verbetermogelijkheden identificeren.
- **User Stories:** Deze korte beschrijvingen, geschreven vanuit het perspectief van de gebruiker, helpen ons de motivaties en doelen van gebruikers te begrijpen. User stories zijn een geweldig startpunt voor feature design.
- **User Flow:** Een diagram dat het pad visualiseert dat de gebruiker binnen de applicatie neemt. Door de user flow te analyseren, kunnen we

eventuele frictiepunten identificeren en de navigatie optimaliseren.

- **Informatiearchitectuur:** Deze discipline houdt zich bezig met de organisatie van informatie binnen een digitaal product. Een goede informatiearchitectuur maakt de content gemakkelijk toegankelijk en begrijpelijk.
- **Wireframing:** Door wireframes te maken, kunnen we de structuur van de gebruikersinterface visualiseren voordat we overgaan tot grafisch ontwerp.
- **Prototyping:** Door interactieve prototypes te maken, kunnen we de bruikbaarheid van het product testen bij gebruikers.
- **Bruikbaarheidstesten:** door gebruikers te observeren terwijl ze met het product omgaan, kunnen we eventuele bruikbaarheidsproblemen identificeren en waardevolle feedback verzamelen.

Hoe analyseer je klantverzoeken:

- **Definieer doelen:** Wat zijn de doelen van de klant? Wat willen ze bereiken met dit product?
- **Identificeer de doelgroep:** Wie zijn de eindgebruikers? Wat zijn hun behoeften en verwachtingen?
- **Analyseer de concurrentie:** Wat doen uw concurrenten? Wat zijn hun sterke en zwakke punten?

Hoe u inhoud het beste kunt organiseren:

- **Een mindmap maken:** de structuur van informatie op een hiërarchische manier visualiseren.
- **Categorieën definiëren:** organiseer inhoud in logische en zinvolle categorieën.
- **Gebruik duidelijke en eenvoudige taal:** vermijd technische details en specifiek jargon.
- **Optimaliseer de navigatie:** zorg ervoor dat gebruikers eenvoudig de informatie kunnen vinden die ze nodig hebben.

Zo ontdekt u de functies van een app:

- **Maak een functie-inventarisatie:** maak een lijst van alle functies die uw app moet bieden.
- **Prioriteer functies:** identificeer de functies die het belangrijkst zijn voor gebruikers.
- **Definieer workflows:** beschrijf hoe de gebruiker elke functie zal gebruiken.

Concluderend vereist het optimaliseren van het UX Design-proces een methodologische aanpak en continue samenwerking tussen ontwerpers, ontwikkelaars en belanghebbenden. Met behulp van de beschreven technieken en methodologieën is het mogelijk om digitale producten te creëren die effectief inspelen op de behoeften van gebruikers.

Het ideale UX Design-proces, dat we tot nu toe hebben beschreven, is een theoretisch model. In werkelijkheid worden projecten geconfronteerd met tijdsbeperkingen, budgetten en beperkte middelen.

Hier zijn enkele factoren die van invloed kunnen zijn op de toepassing van het UX-ontwerpproces in een echte context:

- **Budget:** Een beperkt budget kan ertoe leiden dat u de projectomvang moet verkleinen, minder geavanceerde tools moet gebruiken of het aantal iteraties moet beperken.
- **Timing:** Strakke deadlines kunnen leiden tot snellere besluitvorming en het opofferen van onderzoeks- of testactiviteiten.
- **Vaardigheden:** Niet alle bedrijven hebben een volledig team van UX-ontwerpers. Vaak zijn verantwoordelijkheden verdeeld over meerdere professionele figuren.
- **Bedrijfscultuur:** De bedrijfscultuur kan van invloed zijn op de bereidheid om te investeren in UX-ontwerp en een gebruikersgerichte aanpak te hanteren.

Hoe gaan we met deze uitdagingen om?

- **Pas het proces aan:** Het UX Design-proces moet flexibel en aanpasbaar zijn aan de specifieke behoeften van elk project. Er is geen enkele juiste manier om UX Design te doen.
- **Prioriteer activiteiten:** het is essentieel om prioriteit te geven aan en te focussen op activiteiten die de grootste impact hebben op de gebruikerservaring.
- **Gebruik gratis of open source tools:** Er zijn talloze gratis of open source tools die u kunt gebruiken om UX-ontwerptaken uit te voeren.
- **Betrek belanghebbenden:** Het is van cruciaal belang om klanten en interne belanghebbenden vroegtijdig te betrekken bij het stellen van prioriteiten en het managen van verwachtingen.
- **Creëer een UX-cultuur:** bevorder een bedrijfscultuur waarin de gebruikerservaring centraal staat.

Een overlevingshandleiding voor UX-ontwerpers

Uw handleiding benadrukt terecht het belang van flexibiliteit en aanpassingsvermogen. Een UX Designer moet in verschillende contexten kunnen werken en creatieve oplossingen kunnen vinden, zelfs als de middelen beperkt zijn.

Enkele praktische tips:

- **Wees proactief:** anticipeer op mogelijke problemen en stel creatieve oplossingen voor.
- **Communiceer effectief:** leg duidelijk uit wat de waarde van uw werk is en welke voordelen UX Design het bedrijf kan bieden.
- **Wees flexibel:** accepteer veranderingen en pas uw werk aan aan nieuwe behoeften.
- **Blijf leren:** zorg dat uw kennis altijd up-to-date is met de nieuwste trends en technologieën.

Concluderend is het UX Design-proces een waardevol hulpmiddel, maar het mag geen dogma worden. Het uiteindelijke doel is altijd om producten te creëren die nuttig en prettig in gebruik zijn.

Ontwerpen voor gebruiker en klant: de perfecte balans

Vaak moeten we in een UX Design-project de behoeften van de gebruiker afwegen tegen die van de klant. Beide partijen hebben verschillende verwachtingen en doelen, en het is onze taak om een ontmoetingspunt te vinden dat iedereen tevreden stelt.

Waarom is het zo belangrijk om zowel rekening te houden met de gebruiker als met de klant?

- **Gebruiker:** Dit is de persoon die het product zal gebruiken. Hun tevredenheid is essentieel voor het succes van het product op de lange termijn.
- **Klant:** De persoon die betaalt voor het product. Hun bedrijfsdoelen moeten aansluiten op de behoeften van de gebruiker.

Hoe kunnen we de behoeften van beide partijen in evenwicht brengen?

1. **Begrijp de doelen van beide:**
   - **Gebruiker:** Wat zijn uw behoeften, frustraties en doelen?
   - **Klant:** Wat zijn uw bedrijfsdoelen? Wat zijn de KPI's die u wilt verbeteren?
2. **Maak een empathiekaart:** Verplaats u in de gebruiker en probeer zijn/haar emoties, gedachten en acties te begrijpen.
3. **Definieer gebruikerspersona's:** maak gedetailleerde profielen van typische gebruikers om uw ontwerpactiviteiten te richten.
4. **Prioriteren:** Het is niet altijd mogelijk om aan alle behoeften van beide te voldoen. Het is noodzakelijk om prioriteiten te stellen op basis van de doelstellingen van het project.

5. Effectief communiceren: leg de klant uit hoe belangrijk een geweldige gebruikerservaring is en hoe deze kan bijdragen aan het behalen van hun bedrijfsdoelen.

6. Herhaal en test: betrek gebruikers bij de ontwerpfase om feedback te verzamelen en voortdurend verbeteringen door te voeren.

Voorbeelden van conflicten tussen de behoeften van gebruikers en klanten en mogelijke oplossingen:

- **Gebruiker:** Wil een eenvoudige en intuïtieve interface.
- **Klant:** Wil zoveel mogelijk functies opnemen.
  - **Oplossing:** Organiseer de functies op een duidelijke en hiërarchische manier met behulp van een intuïtief navigatiemenu.
- **Gebruiker:** Wil een gepersonaliseerde ervaring.
- **Klant:** Wil de ontwikkelingskosten verlagen.
  - **Oplossing:** Bied een gratis basisniveau van maatwerk en een betaald premiumniveau aan.

Handige hulpmiddelen om de behoeften van gebruikers en klanten in evenwicht te brengen:

- **Customer Journey Map:** Visualiseer de gebruikersreis en identificeer contactpunten met het merk.
- **User Story Mapping:** Organiseer productkenmerken op basis van hun belang voor de gebruiker.
- **MoSCoW:** categoriseert functies in Moet hebben, Zou moeten hebben, Zou kunnen hebben en Zal niet hebben.

Concluderend vereist ontwerpen voor de gebruiker en klant een evenwichtige en pragmatische aanpak. Het doel is om een product te creëren dat niet alleen nuttig en prettig is om te gebruiken, maar ook waarde genereert voor het bedrijf.

De afstemming tussen de behoeften van de klant en de doelstellingen van UX-ontwerp .

De klant, de echte motor van het bedrijfsleven

Het is belangrijk om te onthouden dat we, naast onze passie voor bruikbaarheid en esthetiek, werken voor een klant die zeer specifieke verwachtingen heeft. Deze verwachtingen, zoals u terecht opmerkte, vertalen zich in:

- **Concrete resultaten:** hogere omzet, grotere betrokkenheid van gebruikers, verbeterde reputatie van het merk.
- **Rendement op investering:** De klant wil een concreet rendement zien op de investering in het project.

De toegevoegde waarde van UX Design

Onze uitdaging als UX-ontwerpers is dan ook om te laten zien hoe een geweldige gebruikerservaring kan helpen deze doelen te bereiken.

Hier zijn enkele belangrijke punten om de waarde van UX-ontwerp aan de klant te 'verkopen':

- **Kostenreductie:**
  - **Vroegtijdige bruikbaarheidstesten:** problemen identificeren en oplossen voordat ze duur worden om te verhelpen.
  - **Verbeterde retentie:** Tevreden gebruikers komen vaker terug en bevelen het product eerder aan bij anderen.
- **Verhoog conversies:**
  - **Intuïtieve interfaces:** begeleid gebruikers naar de gewenste acties.
  - **Goed ontworpen micro-interacties:** maken de interactie met uw product leuker en boeiender.
- **Verbetering van de reputatie van het merk:**
  - **Positieve gebruikerservaring:** creëert een positief merkimago.
  - **Positieve feedback:** Tevreden gebruikers delen hun ervaringen op sociale media.

Effectief communiceren

Om de klant te overtuigen van de waarde van UX Design, is het essentieel om de voordelen die het oplevert duidelijk en beknopt te communiceren.

- **Gebruik eenvoudige taal:** vermijd technische details en concentreer u op concrete resultaten.
- **Toon gegevens:** gebruik statistieken en gegevens om de effectiviteit van uw oplossingen aan te tonen.
- **Storytelling:** gebruik casestudies en voorbeelden uit de praktijk om de voordelen van UX-design te illustreren.

Concluderend gaat onze rol als UX Designers verder dan alleen het creëren van mooie interfaces. We moeten echte consultants zijn die kunnen aantonen hoe een geweldige gebruikerservaring kan bijdragen aan het succes van de business van de klant.

Als UX-design op de juiste manier wordt gepresenteerd, is het een waardevolle bondgenoot voor de klant, en geen obstakel.

Hier zijn enkele belangrijke punten om dit concept te versterken:

- **UX Design als investering, niet als kostenpost:** Klanten zien design vaak als een extra kostenpost. Het is onze taak om ze te laten begrijpen dat het een investering op de lange termijn is. Een goed ontworpen product trekt niet alleen nieuwe gebruikers aan, maar behoudt ze ook, waardoor de aanschafkosten dalen.

- **Het belang van data:** Data is ons geheime wapen. Door de klant te laten zien hoe bruikbaarheidstesten en data-analyses kunnen leiden tot weloverwogen beslissingen en meetbare resultaten, maken we het waarschijnlijker dat ze investeren in UX.
- **De rol van de UX-ontwerper als consultant:** Wij zijn niet alleen creatievelingen, maar ook strategische consultants. Wij kunnen de klant helpen doelen te definiëren, kansen te identificeren en de impact van ontwerpbeslissingen te evalueren.
- **De kracht van storytelling:** verhalen verkopen. Het vertellen van succesverhalen van andere klanten die baat hebben gehad bij UX Design kan heel effectief zijn.

Hoe overwin je weerstand bij klanten:

- **Wees duidelijk en beknopt:** vermijd technische details en concentreer u op de concrete resultaten die de klant wil bereiken.
- **Wees flexibel:** pas uw voorstel aan de specifieke behoeften van de klant aan.
- **Wees geduldig:** het kost tijd om een vertrouwensrelatie met uw klant op te bouwen.

Concluderend is UX Design, wanneer het op de juiste manier wordt gepresenteerd, een krachtige hefboom voor het succes van een product of dienst. Het is onze taak om de klant te laten zien dat investeren in gebruikerservaring betekent investeren in de toekomst van hun bedrijf.

Flexibiliteit is een van de sleutels tot succes in de wereld van UX Design. Wanneer middelen beperkt zijn, is het essentieel om te weten hoe je je kunt aanpassen en je kunt richten op de essentie.

Hier zijn enkele strategieën om het proces te stroomlijnen zonder dat dit ten koste gaat van de effectiviteit:

1. Concentreer u op prioriteiten:

- **Identificeer kerncapaciteiten:** Wat zijn de capaciteiten die de meeste waarde bieden aan de gebruiker en het bedrijf? Concentreer u hierop.
- **Maak een MVP (Minimum Viable Product):** een minimaal levensvatbaar product dat alleen de essentiële functies bevat om het idee bij gebruikers te valideren.
- **Gebruik een agile aanpak:** werk in korte iteraties en concentreer u telkens op één functie.

2. Optimaliseer tools en methodologieën:

- **Gratis of open source tools:** Figma, Sketch en Adobe XD bieden gratis of proefversies aan die voldoende kunnen zijn voor kleine projecten.

- **Snelle methodologieën:** online kaartsortering, low-fidelity prototyping, bruikbaarheidstesten met weinig deelnemers.
- **Automatisering:** Gebruik hulpmiddelen om bepaalde taken te automatiseren, zoals het maken van enquêtes of het analyseren van gegevens.

3. Betrek belanghebbenden vanaf het begin:

- **Snelle workshops:** organiseer korte, intensieve workshops om feedback te verzamelen en verwachtingen op elkaar af te stemmen.
- **Gezamenlijke beslissingen:** betrek de klant en andere belanghebbenden bij belangrijke beslissingen om het proces te versnellen.

4. Maak snel een functioneel prototype:

- **Prototyping met een lage betrouwbaarheid:** gebruik hulpmiddelen zoals Balsamiq of eenvoudige schetsen om snel prototypes te maken.
- **A/B-testen:** vergelijk verschillende versies van een interface-element om de meest effectieve oplossing te identificeren.

5. Meet de impact:

- **Belangrijkste statistieken:** richt u op belangrijke statistieken die het succes van het product aantonen (bijv. conversiepercentage, bezoektijd).
- **Feedback van gebruikers:** verzamel voortdurend feedback van gebruikers om verbeterpunten te identificeren.

Onthoud: Zelfs met een beperkt budget is het mogelijk om een positieve gebruikerservaring te creëren. De sleutel is om creatief, flexibel en gefocust te zijn op de hoofddoelen.

Laten we dieper ingaan op het concept van "bullshit check" en bekijken hoe we dit in de praktijk kunnen implementeren:

Bullshit Check: onze eerste verdedigingslinie

De 'bullshit check' is een kritische analyse van de initiële briefing, waarmee we:

- **Tegenstrijdigheden identificeren:** Soms kunnen de verzoeken van de klant tegenstrijdig of onduidelijk zijn. Het is onze taak om deze inconsistenties te benadrukken en een gedeelde oplossing te zoeken.
- **Onrealistische verwachtingen ontmaskeren:** Het is belangrijk om de verwachtingen van de klant vanaf het begin te managen. Als een doel onrealistisch is, moeten we dit openlijk communiceren.

- **Inzicht krijgen in de werkelijke behoeften van de klant:** Achter de expliciete verzoeken van de klant gaan vaak diepere behoeften schuil die we moeten proberen te begrijpen.

Hoe voer je een effectieve bullshitcheck uit:

1. **Korte analyse:** Lees de briefing zorgvuldig door en markeer eventuele onduidelijke of tegenstrijdige delen.
2. **Verduidelijkende vragen:** Stel de klant specifieke vragen om eventuele twijfels weg te nemen.
3. **Gegevensvergelijking:** vergelijk indien mogelijk de eisen van klanten met marktgegevens of gebruikersonderzoek.
4. **Haalbaarheidsbeoordeling:** Controleer of de eisen van de klant technisch en economisch haalbaar zijn.

Voorbeelden van veelvoorkomende "onzin" in briefings:

- **"We willen een app die alles kan":** De klant heeft vaak te hoge verwachtingen. Het is belangrijk om ze te helpen focussen op de belangrijkste features.
- **"Onze gebruikers zijn dol op de kleur hot pink":** Deze bewering word mogelijk niet ondersteund door data. Onderzoek is nodig om echte gebruikersvoorkeuren te begrijpen.
- **"Wij willen een innovatief en revolutionair ontwerp":** Innovatie is belangrijk, maar mag niet ten koste gaan van de bruikbaarheid.

Waarom is de bullshitcheck zo belangrijk?

- **Bespaar tijd en middelen:** door te voorkomen dat u aan onrealistische of onduidelijke projecten werkt, bespaart u tijd en optimaliseert u middelen.
- **Verbeter de samenwerking met de klant:** Een kritische analyse van de briefing laat de klant zien dat wij serieuze en competente professionals zijn.
- **Het garandeert een kwalitatief resultaat:** een project dat vanaf het begin goed gedefinieerd is, heeft een grotere kans op succes.

Concluderend is de "bullshit check" een fundamentele stap om het succes van een UX-project te verzekeren. Het stelt ons in staat om op de juiste voet te beginnen en verrassingen onderweg te voorkomen.

Een **snelle benchmark** is een essentieel hulpmiddel als de tijd krap is. Het stelt ons in staat om waardevolle informatie over onze concurrenten te verzamelen en best practices in de industrie te identificeren.

Zo structureert u een snelle en effectieve benchmark:

1. Definitie van doelstellingen:

- **Wat willen we ontdekken?** Identificeer de kenmerken die ons het meest interesseren (bijv. informatiestructuur, ontwerp, functionaliteit, enz.).
- **Wie zijn onze concurrenten?** Noem de belangrijkste spelers op de markt en hun producten die het meest op de onze lijken.

2. Keuze van gereedschappen:

- **Benchmarking:** gebruik tools zoals SimilarWeb, Alexa of Ahrefs om het verkeer, de betrokkenheid en de trefwoorden van uw concurrenten te vergelijken.
- **Visuele benchmarking:** gebruik tools zoals Miro of Mural om een moodboard te maken en de gebruikersinterface van uw concurrenten te vergelijken.
- **Beoordelingsanalyse:** Lees gebruikersbeoordelingen in verschillende app-winkels of op beoordelingssites om inzicht te krijgen in de sterke en zwakke punten van concurrenten.

3. Gegevensverzameling:

- **Snelle navigatie:** bezoek de sites of apps van concurrenten om aantekeningen te maken over functies die voor u van belang zijn.
- **Schermafbeelding:** maak schermafbeeldingen van belangrijke schermen voor visuele analyse.
- **Let op:** Schrijf de sterke en zwakke punten van elke deelnemer op.

4. Gegevensanalyse:

- **Best practices identificeren:** Wat zijn de gemeenschappelijke kenmerken van de beste producten?
- **Kansen identificeren:** welke aspecten hebben concurrenten niet overwogen?
- **Bepaal de onderscheidende punten:** hoe kunnen we ons product uniek en beter maken?

5. Samenvatting van de resultaten:

- **Maak een beknopt rapport:** presenteer uw resultaten duidelijk en beknopt, waarbij u de belangrijkste bevindingen benadrukt.
- **Deel de resultaten met het team:** betrek het projectteam bij het bespreken van de resultaten en het definiëren van de volgende acties.

Snelle benchmarkvoorbeelden:

- **Fitness-apps:** vergelijk gebruikersinterface, trackingfuncties, online communities en personalisatiestrategieën.
- **E-commercewebsites:** analyseer de sitestructuur, het gebruiksgemak, het afrekenproces en upsellingstrategieën.
- **Bankieren-apps:** vergelijk de onboarding-ervaring, betalingsfuncties, beveiliging en personalisatie.

Onthoud: een snelle benchmark is geen vervanging voor diepgaand onderzoek, maar het kan een solide basis vormen voor het snel nemen van weloverwogen beslissingen.

Gebruikersverhaal en -stroom: de gids voor het definiëren van gebruikersacties

Gebruikersverhalen: wat zijn dat?

User **stories** zijn een flexibele en wendbare manier om de functionaliteit van een product te beschrijven vanuit het perspectief van de gebruiker. Ze zijn kort, eenvoudig en gericht op de waarde die een feature de gebruiker biedt.

Typische structuur:

- **Als** een type gebruiker
- **Ik wil** een actie uitvoeren
- **Om** een resultaat te bereiken

Voorbeeld:

- Als geregistreerde gebruiker wil ik een product aan mijn winkelwagen toevoegen, zodat ik het later kan kopen.

Waarom ze belangrijk zijn:

- **Gebruikersgericht:** de behoeften en wensen van de gebruiker staan centraal.
- **Ze vergemakkelijken de communicatie:** ze maken de communicatie tussen teamleden gemakkelijker.
- **Ze bevorderen samenwerking:** Ze moedigen samenwerking tussen ontwikkelaars, ontwerpers en producteigenaren aan.

Flow: wat zijn dat?

Een **flow** is de reeks acties die een gebruiker onderneemt om een specifiek doel binnen een product te bereiken. Het is een visuele weergave van het pad dat de gebruiker volgt.

Waarom ze belangrijk zijn:

- **Visualiseer de gebruikerservaring:** hiermee kunt u de volledige gebruikersreis visualiseren en eventuele knelpunten of problemen markeren.
- **Identificeer mogelijke interacties:** Ze helpen bij het identificeren van alle mogelijke interacties tussen de gebruiker en het product.
- **Ze vergemakkelijken het interfaceontwerp:** ze sturen het ontwerp van de gebruikersinterface en zorgen ervoor dat deze intuïtief en gemakkelijk te gebruiken is.

Van User Story naar Flow: Hoe verbind je deze twee concepten?

Elke user story kan worden vertaald in een of meer flows. Bijvoorbeeld, de user story "Als geregistreerde gebruiker wil ik een product toevoegen aan de winkelwagen zodat ik het later kan kopen" kan worden verdeeld in meerdere flows:

- **Zoekstroom:** De gebruiker zoekt naar een product via de zoekbalk of door te bladeren door categorieën.
- **Productdetailstroom:** De gebruiker bekijkt de productpagina en leest de informatie.
- **Toevoegen aan winkelwagenstroom:** De gebruiker klikt op de knop 'Toevoegen aan winkelwagen' en controleert de inhoud van de winkelwagen.

Hoe stromen te definiëren:

1. **Identificeer gebruikersverhalen:** maak een lijst van alle gebruikersverhalen die betrekking hebben op het product.
2. **Een mindmap maken:** verschillende gebruikersverhalen en hun relaties visualiseren.
3. **Definieer begin- en eindpunten:** Identificeer duidelijk het begin en einde van elke stroom.
4. **Identificeer beslissingsknooppunten:** Identificeer de punten waarop de gebruiker een beslissing moet nemen (bijvoorbeeld doorgaan met browsen, een aankoop doen, enz.).
5. **Stroomdiagrammen maken:** gebruik hulpmiddelen zoals Lucidchart of Miro om gedetailleerde stroomdiagrammen te maken.

Waarom is het belangrijk om stromen te definiëren?

- **Verbeter de gebruikerservaring:** Hiermee kunt u navigatie- of begripsproblemen identificeren en oplossen.
- **Optimaliseer conversie:** helpt de gebruiker naar de gewenste doelen te leiden.

- **Bevordert samenwerking:** biedt een gemeenschappelijke taal voor alle teamleden.

Tot slot:

User stories en flows zijn complementaire tools waarmee we gebruikersgerichte producten kunnen ontwerpen. Door ze te combineren, kunnen we vloeiende, intuïtieve en bevredigende gebruikerservaringen creëren.

Patroonbenchmark voor wireframes: een strategische aanpak

Het wireframe-benchmarkpatroon is een uiterst nuttige methode om het ontwerpproces te versnellen en een hoogwaardige gebruikerservaring te garanderen.

Wat is een benchmarkpatroon?

Het is een herbruikbaar model, een oplossing die al door anderen is getest en gevalideerd, die kan worden aangepast aan ons specifieke project. In plaats van het wiel opnieuw uit te vinden, kunnen we leren van best practices in de industrie en de meest effectieve oplossingen toepassen.

Waarom benchmarkpatronen gebruiken?

- **Bespaar tijd:** doordat u niet telkens opnieuw veelvoorkomende elementen hoeft te ontwerpen, versnelt u de ontwikkeltijd.
- **Verbeter de bruikbaarheid:** patronen zijn oplossingen die al zijn getest en geoptimaliseerd voor gebruik.
- **Consistentie vergroten:** Door consistente patronen te gebruiken, ontstaat een consistentere en intuïtievere gebruikerservaring.
- **Vermindert risico's:** de kans op fouten neemt af en de tevredenheid van de gebruikers neemt toe.

Hoe benchmarkpatronen te gebruiken:

1. Patronen identificeren:

- **Onderzoek:** Gebruik zoekmachines, ontwerpplatforms (zoals Dribbble of Behance) en sites die gespecialiseerd zijn in patroonontwerp (zoals Pattern Lab).
- **Concurrentieanalyse:** analyseer de websites en apps van uw concurrenten om de patronen te identificeren die zij gebruiken.
- **Patroonbibliotheken:** Bekijk de vooraf gedefinieerde patroonbibliotheken (bijv. Bootstrap, Material Design).

2. Patronen evalueren:

- **Context:** Zorg ervoor dat het patroon past bij uw specifieke context (producttype, doelgroep).
- **Effectiviteit:** Beoordeel de effectiviteit van het patroon in termen van bruikbaarheid, toegankelijkheid en esthetiek.
- **Flexibiliteit:** Controleer of het patroon kan worden aangepast aan uw specifieke behoeften.

3. **Patronen aanpassen:**

- **Personalisatie:** Pas het patroon aan uw merk en visuele stijl aan.
- **Context:** Zorg ervoor dat het patroon naadloos aansluit bij de rest van uw interface.

Voorbeelden van veelvoorkomende patronen:

- **Navigatie:** Hamburgermenu, navigatiebalk, broodkruimels.
- **Formulieren:** invoervelden, knoppen, foutmeldingen.
- **Afrekenen:** winkelwagen, besteloverzicht, betaalmethoden.
- **Modaal:** Pop-upvensters om aanvullende informatie weer te geven.
- **Kaart:** Containers om informatie beknopt weer te geven.

Handige hulpmiddelen:

- **Componentbibliotheken:** React, Vue, Angular.
- **Ontwerpsysteem:** Material Design, Apple Human Interface Guidelines.
- **Prototypingplatforms:** Figma, Sketch, Adobe XD.

Waarschuwingen:

- **Kopieer niet klakkeloos:** pas de patronen altijd aan uw specifieke behoeften aan.
- **Evalueer de context:** zorg ervoor dat het patroon consistent is met de rest van uw interface.
- **Test bruikbaarheid:** De geteste patronen moeten ook in uw context worden gevalideerd.

Tot slot:

Het benchmarkpatroon is een waardevol hulpmiddel om de efficiëntie en kwaliteit van uw werk te verbeteren. Door de juiste patronen te gebruiken, kunt u intuïtievere, consistentere en plezierigere gebruikersinterfaces creëren.

Het gebruik van benchmarkpatronen kan ook effectief worden toegepast op het ontwerp van gebruikersinterfaces (UI's).

Waarom UI-benchmarkpatronen gebruiken?

- **Consistentie met gebruikersverwachtingen:** Gebruikers zijn gewend aan bepaalde interfaces en gebaren. Het gebruik van vastgestelde patronen verkort de leertijd en verhoogt de tevredenheid.

- **Versnel het ontwerpproces:** U hoeft niet voor elk grafisch element het wiel opnieuw uit te vinden. U kunt bestaande elementen hergebruiken en aanpassen.
- **Verbetering van de esthetiek:** Benchmark UI-patronen bieden richtlijnen voor het creëren van visueel aantrekkelijke interfaces die aansluiten bij ontwerptrends.
- **Betere toegankelijkheid:** veel patronen zijn ontworpen met toegankelijkheidsprincipes in gedachten. Zo zorgen we ervoor dat uw product door een breder publiek gebruikt kan worden.

Hoe u UI-benchmarkpatronen gebruikt:

1. Patronen identificeren:

- **Onderzoek:** Gebruik platforms als Dribbble, Behance, Pinterest en sites die gespecialiseerd zijn in UI-ontwerp om inspiratie op te doen.
- **Concurrentieanalyse:** bekijk hoe uw concurrenten patronen gebruiken en welke resultaten zij behalen.
- **Patroonbibliotheken:** raadpleeg vooraf gedefinieerde patroonbibliotheken (bijv. Material Design, Human Interface Guidelines).

2. Patroonevaluatie:

- **Context:** Zorg ervoor dat het patroon past bij uw merk en doelgroep.
- **Effectiviteit:** Beoordeel de effectiviteit van het patroon in termen van visuele communicatie en bruikbaarheid.
- **Trends:** Controleer of het patroon overeenkomt met de huidige ontwerptrends.

3. Patroonaanpassing:

- **Personalisatie:** Pas het patroon aan uw merk en visuele stijl aan.
- **Context:** Zorg ervoor dat het patroon naadloos aansluit bij de rest van uw interface.

Voorbeelden van veelvoorkomende UI-patronen:

- **Typografie:** lettertypekeuze, spaties, visuele hiërarchie.
- **Kleuren:** kleurenpalet, contrast, toegankelijkheid.
- **Iconografie:** Iconische stijlen, betekenis van iconen.
- **Lay-out:** rasters, afstand, uitlijning.
- **Micro-interacties:** visuele feedback, animaties.

Handige hulpmiddelen:

- **Ontwerpsoftware:** Figma, Sketch, Adobe XD.
- **Componentbibliotheken:** React, Vue, Angular.
- **Kleurenpaletten:** Coolors, Adobe Color.

Waarschuwingen:

- **Kopieer niet klakkeloos:** pas de patronen altijd aan uw specifieke behoeften aan.
- **Evalueer de context:** zorg ervoor dat het patroon consistent is met de rest van uw interface.
- **Test bruikbaarheid:** De geteste patronen moeten ook in uw context worden gevalideerd.

Concluderend,

Met UI benchmarkpatronen kunt u consistentere, esthetisch aantrekkelijkere en gebruiksvriendelijkere gebruikersinterfaces maken. Vergeet echter niet dat originaliteit belangrijk is en dat patronen als uitgangspunt moeten worden gebruikt om een unieke en gedenkwaardige gebruikerservaring te creëren.

Het is essentieel om een vertrouwensrelatie op te bouwen met de klant, gebaseerd op transparantie en eerlijkheid. **De waarde van het project overdrijven of functies beloven die niet gegarandeerd kunnen worden, is contraproductief en kan uw reputatie schaden.**

Dit is een effectievere aanpak om uw project te presenteren:

1. Concentreer u op echte waarde:

- **Benadruk concrete voordelen:** leg duidelijk uit hoe uw project de problemen van de klant oplost en tot meetbare resultaten leidt (meer conversies, verbeterde gebruikerservaring, enz.).
- **Kwantificeer uw resultaten:** gebruik indien mogelijk gegevens en statistieken om de waarde van uw werk aan te tonen.
- **Benadruk het unieke karakter:** leg uit wat uw project onderscheidt van de concurrentie en waarom de klant voor u zou moeten kiezen.

2. Wees transparant over beperkingen:

- **Communiceer beperkingen:** Als er sprake was van tijd- of budgetbeperkingen, leg dan uit hoe u het project hebt geoptimaliseerd om het beste resultaat te behalen.
- **Leg uw ontwerpkeuzes uit:** rechtvaardig uw ontwerpkeuzes en eventuele vereenvoudigingen.
- **Wees proactief:** anticipeer op potentiële vragen van klanten en bereid duidelijke, beknopte antwoorden voor.

3. Gebruik UX-tools in uw voordeel:

- **Laat het proces zien:** leg uit hoe u UX-tools hebt gebruikt om de behoeften van gebruikers te begrijpen en weloverwogen beslissingen te nemen.
- **Visualiseer resultaten:** gebruik wireframes, mockups, prototypes en bruikbaarheidsgegevens om uw resultaten tastbaar te maken.
- **Betrek de klant:** vraag de klant om feedback tijdens de presentatie om er zeker van te zijn dat het project aan zijn verwachtingen voldoet.

4. Concentreer u op kwaliteit, niet op kwantiteit:

- **Concentreer u op de essentie:** selecteer de belangrijkste informatie en presenteer deze duidelijk en beknopt.
- **Gebruik eenvoudige taal:** vermijd technische termen die de klant in verwarring kunnen brengen.
- **Visualiseer concepten:** gebruik grafieken, diagrammen en afbeeldingen om informatie gemakkelijker te begrijpen.

Voorbeelden van UX-tools die u voor presentaties kunt gebruiken:

- **Gebruikerspersona:** presenteer een gedetailleerd portret van de typische gebruiker om te laten zien dat u zijn/haar behoeften begrijpt.
- **Journey map:** Bekijk het pad dat de gebruiker door het product volgt.
- **Wireframe:** toont de structuur van de gebruikersinterface.
- **Prototype:** Hiermee kan de klant met een werkende versie van het product interacteren.
- **Bruikbaarheidsgegevens:** Toon de effectiviteit van uw oplossingen aan via testresultaten.

Onthoud: het doel van de presentatie is om de klant te overtuigen van de waarde van uw werk, niet om indruk te maken met vakjargon of opgeblazen cijfers.

De briefingfase is cruciaal en vereist veel aandacht van onze kant. De klant, hoe enthousiast en betrokken hij ook is bij het project, heeft vaak niet de technische vaardigheden om zijn behoeften duidelijk en volledig uit te drukken.

Hier volgen enkele praktische tips om de klant te helpen bij het analyseren van de briefing:

1. Actief luisteren en gerichte vragen:

- **Verplaats u in de klant:** probeer het standpunt van de klant en zijn motieven te begrijpen.
- **Stel open vragen:** moedig hem aan om gedetailleerd zijn doelen, angsten

en verwachtingen uit te leggen.

- **Verduidelijk termen:** Als de klant technische termen gebruikt die onduidelijk zijn, vraag dan om verduidelijking.

2. Vertaal de taal van de klant naar technische taal:

- **Vereenvoudig concepten:** leg technische termen duidelijk en beknopt uit en vermijd jargon.
- **Gebruik voorbeelden:** Laat de klant concrete voorbeelden zien van wat u bedoelt.
- **Creëer een gedeelde woordenschat:** bepaal samen met de klant welke kernwoorden er tijdens het project gebruikt gaan worden.

3. Stelt oplossingen voor, verzamelt niet alleen verzoeken:

- **Analyseer de context:** houd rekening met de sector, doelgroep en concurrenten van de klant.
- **Bied alternatieven aan:** presenteer verschillende opties en benadruk de voor- en nadelen van elke optie.
- **Motiveer uw keuzes:** leg de redenen achter uw voorstellen uit, op basis van gegevens en onderzoek.

4. Betrek de klant bij het besluitvormingsproces:

- **Organiseer workshops:** organiseer brainstormsessies om de klant te betrekken bij het definiëren van doelen en prioriteiten.
- **Gebruik visuele hulpmiddelen:** gebruik wireframes, mockups en prototypes om uw voorstellen concreter te maken.
- **Verzamel feedback:** vraag voortdurend om feedback van de klant en pas het ontwerp dienovereenkomstig aan.

5. Beheer verwachtingen:

- **Wees transparant:** communiceer duidelijk de projecttijdlijnen, kosten en mogelijke risico's.
- **Manage onrealistische verwachtingen:** leg de klant uit dat niet alle oplossingen mogelijk zijn en dat het belangrijk is om een balans te vinden tussen hun behoeften en de beschikbare middelen.

Enkele veelvoorkomende fouten die u moet vermijden:

- **Een vage opdracht accepteren:** Een onduidelijke opdracht kan ongetwijfeld problemen opleveren in de ontwikkeling.
- **Het onmogelijke beloven:** het is beter om eerlijk te zijn en de beperkingen van het project aan de klant te communiceren.

- **Discussiëren met de klant:** blijf constructief en streef altijd naar een gezamenlijke oplossing.

Onthoud: het begeleiden van de klant door het briefingproces is een tijdsinvestering die zich terugbetaalt in termen van klanttevredenheid en projectsucces.

Hier zijn enkele belangrijke vragen die u uw klant kunt stellen:

Doelen en verwachtingen:

- **Wat zijn de belangrijkste doelen van dit project?** (Verkoop, merkbekendheid, loyaliteit, etc.)
- **Wat verwacht u daadwerkelijk te bereiken aan het einde van het project?** (Cijfers, meetbare resultaten)
- **Wie is de ideale doelgroep?** (Demografie, gedrag, behoeften)
- **Wie zijn de belangrijkste concurrenten en wat onderscheidt hen?**
- **Waarom koos hij ons voor dit project?**

Angsten en twijfels:

- **Wat zijn uw grootste zorgen over dit project?** (Tijd, kosten, resultaten)
- **Heb je in het verleden negatieve ervaringen gehad met soortgelijke projecten?**
- **Wat maakt hem onzekerder?**

Visie en waarden:

- **Wat is de langetermijnvisie voor uw bedrijf?**
- **Wat zijn de kernwaarden van uw bedrijf?**
- **Hoe ziet u uw product/dienst over 5 jaar?**

Specifieke aspecten van het project:

- **Welke essentiële kenmerken moeten aanwezig zijn?**
- **Wat zijn de "leuke" functies?**
- **Zijn er functies die u absoluut niet wilt?**
- **Heb je bepaalde esthetische of stijlvoorkeuren?**
- **Heeft u een vast budget?**

Gebruikerservaring:

- **Hoe stelt u zich de ideale gebruikerservaring voor?**
- **Wat zijn de sterke en zwakke punten van de huidige**

gebruikerservaring?

- **Wat zijn de grootste frustraties van huidige gebruikers?**

Naast de vragen volgen hier nog enkele praktische tips:

- **Gebruik eenvoudige en duidelijke taal:** vermijd technische termen en afkortingen die verwarrend kunnen zijn voor de klant.
- **Luister actief:** let niet alleen op wat de persoon zegt, maar ook op zijn of haar toon en lichaamstaal.
- **Maak aantekeningen:** Schrijf alle relevante informatie op om een compleet overzicht van het project te krijgen.
- **Visualiseer:** Gebruik diagrammen, schetsen of voorbeelden om uw vragen en voorstellen te verduidelijken.
- **Heb geduld:** het kan zijn dat u meer vragen moet stellen om tot de kern van de zaak te komen.

De vraag naar de bedrijfsdoelstellingen is van fundamenteel belang om de verwachtingen van de klant af te stemmen op onze vaardigheden en het succes van het project te garanderen.

Laten we deze vraag verder uitdiepen en een aantal scenario's analyseren:

Verdiep uw bedrijfsdoelen:

- **Resultaten kwantificeren:** Vraag de klant om zijn doelen te kwantificeren (bijv. "Ik wil de verkoop met 20% verhogen in de komende 6 maanden"). Hiermee kunnen we het succes van het project meten en specifieke KPI's definiëren.
- **Begrijp het waarom:** Vraag de klant om de reden achter elk doel uit te leggen. Dit zal ons helpen hun motivaties beter te begrijpen en effectievere oplossingen voor te stellen.
- **Beoordeel de haalbaarheid:** controleer of de doelstellingen realistisch en haalbaar zijn binnen het vastgestelde tijdsbestek.

Scenario's en waarschuwingssignalen:

- **Grafische restyling en conversies:** Zoals u terecht opmerkte, is een grafische restyling niet voldoende om conversies te verhogen. Er zijn mogelijk meer diepgaande interventies nodig op het gebied van informatiearchitectuur, gebruikerservaring en copywriting.
- **Virale app en merkbekendheid:** Een virale app is geen garantie voor meer merkbekendheid. Een goed gedefinieerd marketingplan en gebruikersbetrokkenheidsstrategie zijn nodig.
- **Conflicterende doelen:** Soms kan de klant conflicterende doelen uiten (bijv. "Ik wil een website die zowel mooi als snel is"). In dit geval moet u

de klant helpen zijn behoeften te prioriteren.

Hoe om te gaan met discrepanties:

- **Stel verduidelijkende vragen:** "Als uw doel is om de conversies te verhogen, waarom denkt u dan dat een grafische restyling de beste oplossing is?"
- **Stel alternatieven voor:** "We kunnen ook een analyse van de gebruikerservaring uitvoeren om knelpunten in het aankoopproces te identificeren en deze te optimaliseren."
- **Informeer de klant:** leg op een eenvoudige en duidelijke manier uit wat de implicaties van zijn verzoeken zijn en wat de mogelijke alternatieven zijn.
- **Samenwerken:** betrek de klant bij het besluitvormingsproces en help hem/haar een effectievere strategie te definiëren.

Andere aspecten om te overwegen:

- **Tijdsbestek:** Vraag de klant binnen welk tijdsbestek de doelstellingen bereikt moeten worden.
- **Budget:** inzicht krijgen in hoeveel de klant bereid is te investeren in het project.
- **Resultaten meten:** bepaal samen met de klant welke meetgegevens we gaan gebruiken om het succes van het project te meten.

Tot slot:

De fase van de definitie van de bedrijfsdoelstellingen is essentieel om het succes van een project te garanderen. Door precieze en diepgaande vragen te stellen, kunnen we de klant helpen zijn verwachtingen te verduidelijken en een effectieve strategie te definiëren. We onthouden altijd dat het onze rol is om de klant naar de beste oplossingen te leiden, zelfs als dit betekent dat we hun aanvankelijke overtuigingen ter discussie stellen.

Design thinking biedt ons een solide raamwerk om deze uitdaging aan te gaan. Focussen op het echte probleem en verifiëren of de voorgestelde oplossing daadwerkelijk in die behoefte voorziet, is een goede plek om te beginnen.

Als we de redenering verder uitwerken, kunnen we nog meer vragen toevoegen om onze analyse te verfijnen:

- **Is het probleem goed gedefinieerd?** Vaak kan de cliënt een algemeen ongemak uiten zonder het probleem duidelijk te specificeren. Het is onze taak om het te verfijnen door middel van gerichte vragen.
- **Is de oplossing proportioneel aan het probleem?** Soms vraagt de klant om een buitensporige oplossing voor een relatief eenvoudig probleem, of

andersom.

- **Is de oplossing haalbaar?** Het is belangrijk om de technische, economische en temporele haalbaarheid van de voorgestelde oplossing te evalueren.
- **Is de oplossing consistent met de bedrijfsdoelstellingen?** Zoals we al zagen, moet de oplossing aansluiten bij de bedrijfsdoelstellingen van de klant.
- **Is de oplossing op de lange termijn houdbaar?** Het is belangrijk om de impact van de oplossing in de loop van de tijd en de schaalbaarheid ervan te overwegen.

Naast design thinking zijn er nog andere nuttige hulpmiddelen die ons kunnen helpen bij het identificeren van 'domheden':

- **Gebruikersonderzoek:** eindgebruikers betrekken om hun behoeften en gedrag beter te begrijpen.
- **Concurrentieanalyse:** analyseer de oplossingen die concurrenten voorstellen om best practices en kansen voor differentiatie te identificeren.
- **Data-analyse:** het gebruiken van data om onze beslissingen te ondersteunen en onze hypothesen te valideren.
- **Prototyping:** prototypes maken om oplossingen te testen en feedback van gebruikers te verzamelen.

Een praktisch voorbeeld:

Een klant vraagt ons om een app te ontwikkelen om een taxi te boeken. Na een grondige analyse ontdekken we dat het grootste probleem niet het boeken van een taxi zelf is, maar de moeilijkheid om een vrije taxi te vinden tijdens de spits. In dit geval zou de oplossing meer gericht kunnen zijn op het geven van een schatting van de wachttijd aan de gebruiker en het voorstellen van alternatieve vervoerswijzen.

Tot slot:

Het identificeren van de "nonsens" in een briefing vereist een kritische benadering en een diepgaand begrip van de behoeften van de klant en de marktcontext. Door design thinking te combineren met andere tools en technieken, kunnen we effectieve en duurzame oplossingen ontwikkelen.

Het is essentieel dat wij als ontwerp- en ontwikkelingsprofessionals niet passief de verzoeken van de klant uitvoeren, maar dat wij toegevoegde waarde bieden door onze expertise en kritische analytische vaardigheden.

Hier zijn enkele belangrijke punten om te overwegen wanneer u met een dergelijke situatie te maken krijgt:

- **De behoefte aan een constructieve uitdaging:** het is belangrijk om een werkomgeving te creëren waarin samenwerking centraal staat en de klant zich vrij voelt om zijn ideeën te uiten, maar ook openstaat voor feedback en suggesties.
- **Het belang van transparante communicatie:** We moeten onze twijfels en zorgen duidelijk en direct aan de klant communiceren, zonder een oordeel te vellen.
- **Kritisch denken stimuleren:** Leg de klant uit dat het onze doelstelling is om een succesvol product te creëren. Om dat te bereiken, moeten we hun verzoeken grondig analyseren en impliciete aannames in twijfel trekken.
- **Alternatieven voorstellen:** Wanneer er in een klantverzoek een probleem aan het licht komt, is het essentieel om concrete en gemotiveerde alternatieven voor te stellen.

Enkele voorbeelden van hoe u met deze situatie kunt omgaan:

- **In plaats van te zeggen:** "Dit idee zal nooit werken.", **zou je kunnen zeggen:** "Ik begrijp je idee, maar ik heb twijfels over de effectiviteit ervan bij het bereiken van ons doel. Kunnen we andere alternatieven onderzoeken die geschikter zijn voor onze doelgroep?"
- **In plaats van te zeggen:** "Deze functie is nutteloos.", **zou je kunnen zeggen:** "Ik heb gemerkt dat deze functie mogelijk niet vaak door gebruikers wordt gebruikt. Kunnen we middelen opnieuw toewijzen aan andere functies die een grotere impact hebben op de gebruikerservaring?"
- **In plaats van te zeggen:** "Uw ontwerp is lelijk.", **zou u kunnen zeggen:** "Ontwerp is een cruciaal element in het communiceren van de waarde van ons product. We zouden kunnen samenwerken om een esthetiek te creëren die consistent is met ons merk en die onze doelgroep aanspreekt."

Onthoud: het doel is niet om de klant te demotiveren, maar om hem te helpen zijn ideeën te verduidelijken en de beste oplossingen te vinden.

Het Lean Canvas is een krachtig hulpmiddel voor startups, omdat het oprichters dwingt zich te concentreren op de elementen die essentieel zijn voor het succes van een nieuw product of een nieuwe dienst.

Daarom is het definiëren van gebruikers, problemen en oplossingen de cruciale eerste stap:

- **Duidelijke waardepropositie:** Als u begrijpt wie uw gebruikers zijn en wat hun specifieke problemen zijn, kunt u een heldere en overtuigende waardepropositie creëren.
- **Klantgerichtheid:** Door de gebruiker centraal te stellen, voorkomt u dat er producten of diensten worden ontwikkeld die niet aan de werkelijke behoeften van de gebruiker voldoen.

- **Risicobeperking:** Door de markt en de behoeften van de gebruiker zorgvuldig te analyseren, verkleint u de kans dat u een product op de markt brengt dat mislukt.
- **Bevordering van besluitvorming:** Een duidelijk beeld van gebruikers, problemen en oplossingen vereenvoudigt het besluitvormingsproces tijdens productontwikkeling.

Naast het Lean Canvas zijn er nog andere handige hulpmiddelen voor het definiëren van deze kernelementen:

- **Customer Journey Map:** Visualiseer de customer journey binnen het product of de dienst, waarbij u contactpunten en eventuele kritieke problemen benadrukt.
- **Gebruikerspersona:** maak een gedetailleerd profiel van de typische gebruiker, inclusief demografische informatie, gedrag, doelen en frustraties.
- **Probleemstelling:** Formuleert op een heldere en beknopte manier het probleem dat het product of de dienst wil oplossen.

Waarom is het zo belangrijk om de klant al in dit vroege stadium te betrekken?

- **Validatie van hypothesen:** door gebruikers al vroeg bij het proces te betrekken, kunt u hypothesen valideren en waardevolle feedback verzamelen.
- **Grotere betrokkenheid:** als gebruikers zich betrokken voelen bij het ontwikkelingsproces, is de kans groter dat ze het product ondersteunen.
- **Kostenreductie:** Door de belangrijkste problemen en oplossingen vroegtijdig te identificeren, kunt u middelen optimaliseren en ontwikkelingskosten verlagen.

Concluderend is het duidelijk definiëren van gebruikers, problemen en oplossingen de basis van elke succesvolle startup. Door tools als het Lean Canvas te gebruiken en klanten actief te betrekken, vergroot u de kans op het lanceren van een product dat in de smaak valt op de markt.

Het SMART-framework is een uiterst nuttig hulpmiddel om bedrijfsdoelstellingen te verfijnen en ze concreter en meetbaarder te maken. Door het toe te passen op de analyse van de briefing, kunnen we een dieper inzicht krijgen in de verwachtingen van de klant en een effectievere strategie definiëren.

Laten we eens kijken hoe we het SMART-raamwerk kunnen toepassen op bedrijfsdoelen:

- **Specifiek:** Het doel moet duidelijk en beknopt zijn, zonder dubbelzinnigheid. In plaats van te zeggen: "Ik wil de verkoop verhogen," zou je kunnen zeggen: "Ik wil de verkoop van Product X met 20% verhogen in de komende 6 maanden."

- **Meetbaar:** Het doel moet kwantificeerbaar zijn, met goed gedefinieerde key performance indicators (KPI's). Als het doel bijvoorbeeld is om de naamsbekendheid te vergroten, kunt u de toename in het aantal volgers op sociale media of de click-through rate op content meten.
- **Acceptabel:** Het doel moet realistisch en haalbaar zijn met de beschikbare middelen. Het is belangrijk om te voorkomen dat doelen te ambitieus en demotiverend zijn voor het team.
- **Realistisch (relevant):** Het doel moet passen bij de algemene strategie van het bedrijf en aansluiten op andere doelen.
- **Tijdgebonden (Time-bound):** Het doel moet een duidelijk gedefinieerde deadline hebben. Dit helpt om een gevoel van urgentie te creëren en de voortgang te bewaken.

Praktisch voorbeeld:

Stel dat een klant ons vertelt: "Ik wil een mooiere website." Met behulp van het SMART-framework kunnen we de doelstelling als volgt herformuleren: "We willen ons conversiepercentage binnen de komende 3 maanden met 15% verhogen door een nieuw websiteontwerp dat zich richt op het optimaliseren van de gebruikerservaring en het duidelijk maken van de call-to-action."

Waarom is het belangrijk om het SMART-raamwerk te gebruiken?

- **Duidelijkheid:** helpt bij het definiëren van duidelijke doelen die door alle teamleden worden gedeeld.
- **Focus:** Hiermee kunt u zich concentreren op de belangrijkste acties om uw doelen te bereiken.
- **Motivatie:** Geeft richting en motiveert het team om resultaten te behalen.
- **Meting:** Hiermee kunt u de voortgang bewaken en de effectiviteit van de ondernomen acties evalueren.

Andere voordelen van het gebruik van het SMART-raamwerk in uw korte analyse:

- **Klantafstemming:** helpt te verifiëren of de verwachtingen van de klant realistisch zijn en aansluiten bij onze mogelijkheden.
- **Eventuele hiaten identificeren:** Hiermee worden eventuele hiaten in de definitie van doelstellingen benadrukt en krijgt u de mogelijkheid om de klant om verduidelijking te vragen.
- **Een actieplan maken:** Zodra u SMART-doelen hebt gedefinieerd, is het eenvoudiger om een gedetailleerd actieplan te maken om deze te bereiken.

Concluderend is het SMART-framework een waardevol hulpmiddel om vage klantverzoeken om te zetten in concrete en meetbare doelstellingen. Door het toe te passen op de analyse van de briefing, kunnen we ervoor zorgen dat het project gericht, effectief en afgestemd is op de verwachtingen van de klant.

Specificiteit is de sleutel bij het definiëren van SMART-doelen. Een vaag doel laat ruimte voor verschillende interpretaties en kan leiden tot misverstanden tussen de klant en het projectteam.

Hier zijn enkele voorbeelden van hoe u een doel specifieker kunt maken:

- **In plaats van:** "Ik wil de SEO van mijn website verbeteren", **zou je kunnen zeggen:** "Ik wil de rankings voor de top 10 meest relevante zoekwoorden voor mijn branche op de eerste pagina's van Google binnen de komende 6 maanden verbeteren."
- **In plaats van:** "Ik wil mijn betrokkenheid op sociale media vergroten", **zou je kunnen zeggen:** "Ik wil het aantal likes en reacties op mijn Facebook-berichten tegen het einde van het jaar met 30% verhogen."
- **In plaats van:** "Ik wil een snellere website" **zou je kunnen zeggen:** "Ik wil de laadtijd van mijn startpagina binnen de komende maand terugbrengen tot minder dan 3 seconden."

Belangrijke vragen om specificiteit te garanderen:

- **Wat wilt u precies bereiken?**
- **Hoe meet je succes?**
- **Welke specifieke parameters moeten onder controle gehouden worden?**

Naast specificiteit is het ook belangrijk om rekening te houden met andere aspecten:

- **Context:** De doelstelling moet aansluiten bij de algemene bedrijfscontext en andere bedrijfsdoelstellingen.
- **Middelen:** Controleer of de beschikbare middelen (tijd, budget, vaardigheden) voldoende zijn om het doel te bereiken.
- **Haalbaarheid:** Het doel moet realistisch en haalbaar zijn binnen het vastgestelde tijdsbestek.

Concluderend is specificiteit de eerste stap naar het definiëren van SMART-doelen. Een helder en beknopt doel stelt u in staat om uw inspanningen te richten, uw voortgang te meten en de gewenste resultaten te behalen.

Meetbaarheid is een fundamentele pijler van SMART-doelen. Een niet-meetbaar doel is als een pijl zonder doel: we weten niet of we het doel raken.

Hoe je abstracte concepten omzet in concrete meetgegevens:

- **Van geluk naar betrokkenheid:** in plaats van geluk te meten, kunnen we de betrokkenheid van gebruikers meten. Dit kan worden gedaan via statistieken zoals gemiddelde tijd die op de site wordt doorgebracht, bouncepercentage, aantal paginaweergaven per sessie of conversiepercentage.
- **Van merkbekendheid naar naamsbekendheid:** in plaats van merkbekendheid op een generieke manier te meten, kunnen we merkbekendheid meten door middel van enquêtes, marktonderzoek of door het analyseren van het zoekvolume van ons merk op zoekmachines.
- **Van servicekwaliteit tot klanttevredenheid:** we kunnen klanttevredenheid meten via enquêtes na de verkoop, Net Promoter Score (NPS) of herhaalaankooppercentage.

Voorbeelden van hoe je abstracte doelen meetbaar kunt maken:

- **In plaats van:** "Ik wil dat mijn klanten tevredener zijn", **zou je kunnen zeggen:** "Ik wil mijn Net Promoter Score tegen het einde van het jaar met 10 punten verhogen."
- **In plaats van:** "Ik wil de reputatie van mijn merk verbeteren" **zou je kunnen zeggen:** "Ik wil mijn positieve Google-recensies binnen de komende 3 maanden met 20% verhogen."
- **In plaats van:** "Ik wil dat gebruikers meer betrokken zijn", **zou je kunnen zeggen:** "Ik wil de gemiddelde tijd die op de app wordt doorgebracht met 25% verhogen tegen het volgende kwartaal."

Waarom is meetbaarheid zo belangrijk?

- **Voortgangsregistratie:** Hiermee kunt u uw resultaten bijhouden en zien of u op de goede weg bent.
- **Gebieden voor verbetering identificeren:** benadrukt de gebieden waar actie nodig is om doelen te bereiken.
- **Evaluatie van de effectiviteit van acties:** Hiermee kunt u de impact van verschillende initiatieven meten en middelen optimaliseren.
- **Resultaten communiceren:** Hiermee kunt u de behaalde resultaten duidelijk en transparant communiceren aan uw team en klanten.

Concluderend is meetbaarheid een essentieel element om vage doelen om te zetten in concrete resultaten. Door de juiste metriek te kiezen, kunnen we de voortgang monitoren, weloverwogen beslissingen nemen en onze doelen bereiken.

Het 'Actieve' onderdeel van het SMART-raamwerk is essentieel om een doel om te zetten in een concreet actieplan.

Hier zijn enkele belangrijke punten om te overwegen om een doel "uitvoerbaar" te maken:

- **Specifieke acties:** De doelstelling moet concrete, meetbare acties suggereren die kunnen worden ondernomen.
- **Verantwoording:** Het moet duidelijk zijn wie verantwoordelijk is voor het uitvoeren van acties.
- **Middelen:** De middelen die nodig zijn om het doel te bereiken, moeten beschikbaar zijn (tijd, budget, vaardigheden).
- **Timing:** Acties moeten binnen een bepaald tijdsbestek worden gepland.

Voorbeelden van hoe je een doel 'Uitvoerbaar' kunt maken:

- **In plaats van:** "We willen de gebruikerservaring verbeteren", **zou je kunnen zeggen:** "We willen de laadtijd van de pagina's van de site binnen de komende maand met 30% verkorten door afbeeldingen te optimaliseren en code te minimaliseren."
- **In plaats van:** "We willen de zichtbaarheid van ons merk vergroten", **zou je kunnen zeggen:** "We willen onze aanwezigheid op sociale media vergroten door een betaalde advertentiecampagne op Instagram en Facebook te lanceren om binnen het volgende kwartaal een publiek van 10.000 nieuwe gebruikers te bereiken."

Belangrijke vragen om te controleren of een doel 'uitvoerbaar' is:

- **Wat gaan we precies doen om dit doel te bereiken?**
- **Wie is verantwoordelijk voor de uitvoering van deze acties?**
- **Welke middelen zijn nodig?**
- **Wanneer beginnen we en wanneer verwachten we het doel te bereiken?**

Concluderend , het "Actionable" component van het SMART framework stelt ons in staat om onze doelen om te zetten in concrete en meetbare actieplannen. Door ons te richten op specifieke en haalbare acties, vergroten we onze kans op succes.

Het 'realistische' onderdeel van het SMART-raamwerk is essentieel om te voorkomen dat doelen worden gesteld die, hoewel ambitieus, onhaalbaar en demotiverend zijn.

Hoe beoordeel je de haalbaarheid van een doel:

- **Benchmarking:** vergelijk uw doelen met die van uw sector en de resultaten die vergelijkbare concurrenten behalen.
- **Hulpbronnenanalyse:** Controleer of de beschikbare middelen (tijd,

budget, vaardigheden) voldoende zijn om het doel te bereiken.

- **Ervaringen uit het verleden:** Denk na over de resultaten die in het verleden zijn behaald met soortgelijke initiatieven.
- **Externe factoren:** Houd rekening met externe factoren die van invloed kunnen zijn op het bereiken van de doelstelling (bijv. concurrentie, economische omstandigheden, markttrends).

Voorbeelden van hoe je een doel realistisch kunt maken:

- **In plaats van:** "Binnen een jaar willen we het leidende merk in de markt zijn", **zou je kunnen zeggen:** "We willen ons marktaandeel in de komende 12 maanden met 10% vergroten door ons te richten op een specifiek nichesegment."
- **In plaats van:** "We willen onze omzet tegen het volgende kwartaal verdubbelen", **zou je kunnen zeggen:** "We willen onze omzet met 15% verhogen tegen het volgende kwartaal door een nieuwe productlijn te lanceren en onze marketinginspanningen te vergroten."

Belangrijke vragen om de haalbaarheid van een doel te controleren:

- **Hebben wij de middelen om dit doel te bereiken?**
- **Hebben we rekening gehouden met alle factoren die van invloed kunnen zijn op het bereiken van het doel?**
- **Hebben wij deze doelstelling vergeleken met die van andere marktspelers?**
- **Is dit doel in overeenstemming met onze algemene strategie?**

Concluderend helpt het "realistische" onderdeel van het SMART-framework ons ambitieuze maar haalbare doelen te stellen. Door het vermijden van het stellen van onrealistische doelen, houden we het team gemotiveerd en vergroten we de kans op succes.

Het 'tijdgebonden' onderdeel is essentieel om een doel SMART te maken en ervoor te zorgen dat er een gevoel van urgentie en verantwoording is.

Waarom is het belangrijk om een tijdsbestek te definiëren:

- **Focus:** Een duidelijk tijdsbestek helpt bij het focussen van inspanningen en het prioriteren van activiteiten.
- **Voortgang meten:** Met een nauwkeurig tijdsbestek kunt u de voortgang bewaken en de effectiviteit van de ondernomen acties evalueren.
- **Verantwoording:** Geef duidelijke verantwoordelijkheden en stel een deadline om het doel te bereiken.
- **Aanpassing:** Als de resultaten niet aan de verwachtingen voldoen, kunt u binnen een bepaald tijdsbestek de strategie opnieuw evalueren en tijdig de nodige correcties doorvoeren.

Voorbeelden van hoe u een tijdsbestek definieert:

- **In plaats van:** "We willen de online verkoop verhogen" **zou je kunnen zeggen:** "We willen de online verkoop tegen het einde van het fiscale jaar met 20% verhogen."
- **In plaats van:** "We willen de gebruikerservaring verbeteren" **zou je kunnen zeggen:** "We willen de laadtijd van pagina's binnen de komende twee maanden met 30% verkorten."

Belangrijke vragen om een tijdsbestek te definiëren:

- **Wanneer willen we dit doel bereiken?**
- **Welke tussenliggende fasen moeten we bereiken?**
- **Wat zijn de mogelijke obstakels en hoe kunnen we deze verminderen?**

Concluderend maakt het "tijdgebonden" component een SMART-doel compleet en operationeel. Door een duidelijk en realistisch tijdsbestek te definiëren, vergroten we de kans op succes en creëren we een gevoel van urgentie dat het team motiveert om de gewenste resultaten te behalen.

In een context van beperkte middelen wordt concurrentieanalyse een tweesnijdend zwaard. Enerzijds stelt het ons in staat om de beste praktijken in de sector "met onze ogen te stelen", anderzijds stelt het ons bloot aan het risico om te kopiëren zonder een kritische analyse en onze merkidentiteit te verliezen.

Hier zijn enkele praktische tips om in korte tijd een effectieve concurrentenanalyse uit te voeren:

1. **Selecteer de juiste concurrenten:** richt u op 5-10 directe concurrenten die een vergelijkbaar publiek hebben als het uwe en vergelijkbare producten of diensten aanbieden.
2. **Definieer de evaluatiecriteria:** Houd naast de sitestructuur ook rekening met:
   - **Navigeerbaarheid:** Kunt u gemakkelijk vinden wat u zoekt?
   - **Gebruiksgemak:** Zijn de interfaces intuïtief?
   - **Visueel ontwerp:** Zijn de kleuren, afbeeldingen en typografie consistent met het merk?
   - **Inhoud:** Zijn de teksten duidelijk, beknopt en overtuigend?
   - **Oproep tot actie:** Zijn de oproepen tot actie duidelijk en goed geplaatst?
   - **Mobiele ervaring:** is de site geoptimaliseerd voor mobiele apparaten?
3. **Maak gebruik van analysetools:** tools zoals Google Analytics kunnen u waardevolle gegevens verschaffen over het gebruikersgedrag op de sites van uw concurrenten.

4. **Verplaats u in de gebruiker:** blader door de sites van uw concurrenten alsof u een klant bent die op zoek is naar een product of dienst.
5. **Maak aantekeningen:** Schrijf op welke eigenschappen u leuk vindt en welke u wilt vermijden.
6. **Wees kritisch:** kopieer niet klakkeloos. Probeer de redenen voor de keuzes van uw concurrenten te begrijpen en pas de ideeën aan uw specifieke context aan.
7. **Vergeet je identiteit niet:** Inspiratie is belangrijk, maar het mag je creativiteit niet overweldigen. Probeer een balans te vinden tussen uniek zijn en markttrends volgen.

Gebruikersverhalen vormen een waardevol hulpmiddel bij UX-ontwerp. Hiermee kunt u zich richten op de behoeften van de gebruiker en functionele vereisten vertalen naar taal die alle teamleden kunnen begrijpen.

Waarom zijn user stories zo effectief?

- **Gebruikersfocus:** De focus ligt op wie het product gaat gebruiken, waardoor er meer begrip en empathie ontstaat voor hun behoeften.
- **Eenvoudige taal:** de eenvoudige en duidelijke structuur zorgt ervoor dat gebruikersverhalen gemakkelijk te begrijpen zijn, zelfs voor niet-technische mensen.
- **Flexibiliteit:** Ze passen zich aan elk type project aan en kunnen tijdens de productontwikkeling worden verfijnd en bijgewerkt.
- **Samenwerking:** Ze bevorderen de samenwerking tussen verschillende teamleden en zorgen voor een gedeelde ontwerpaanpak.

Hoe schrijf je een goed gebruikersverhaal:

Om een effectief gebruikersverhaal te schrijven, is het belangrijk om de volgende tips te volgen:

- **Specifieke rol:** Definieer duidelijk wie de gebruiker is die de actie uitvoert.
- **Concrete actie:** Beschrijf precies wat de gebruiker wil doen.
- **Meetbaar resultaat:** geeft aan welk voordeel de gebruiker uit de actie haalt.

Voorbeelden van gebruikersverhalen:

- **Goed:** *Als geregistreerde klant wil ik producten aan de winkelwagen kunnen toevoegen en kunnen afrekenen, zodat ik de gewenste producten kan kopen.*
- **Slecht:** *Als gebruiker wil ik de site gebruiken, zodat ik dingen gedaan kan krijgen.* (Te algemeen, mist specificiteit)

Hoe u gebruikersverhalen kunt gebruiken in het ontwerpproces:

1. **Verzamelen van gebruikersverhalen:** betrek gebruikers, belanghebbenden en het ontwikkelteam bij het verzamelen van een uitgebreide lijst met gebruikersverhalen.
2. **Prioritering:** sorteer gebruikersverhalen op basis van hun belang en urgentie.
3. **Gebruikersstromen maken:** gebruik gebruikersverhalen als basis voor het maken van diagrammen die het pad illustreren dat de gebruiker moet volgen om zijn doel te bereiken.
4. **Interfaceontwerp:** ontwerp gebruikersinterfaces ter ondersteuning van gebruikersstromen en om te voldoen aan de behoeften die in gebruikersverhalen worden beschreven.
5. **Gebruikers testen:** evalueer uw ontwerp door gebruikers te betrekken bij testsessies om te verifiëren of de gebruikersverhalen naar wens zijn.

Naast de basisstructuur kunt u uw user stories verrijken met:

- **Acceptatiecriteria:** Specifieke voorwaarden waaraan moet worden voldaan om het gebruikersverhaal als compleet te beschouwen.
- **Voorbeeld:** *Als geregistreerde klant wil ik producten aan de winkelwagen kunnen toevoegen en de aankoop kunnen doen, zodat ik de producten kan kopen die ik wil. Acceptatiecriteria: het product moet aan de winkelwagen worden toegevoegd, de klant moet de hoeveelheid kunnen wijzigen, de klant moet kunnen afrekenen, de betaling moet succesvol zijn.*
- **Verhalen zoals deze:** korte beschrijvingen van specifieke use cases die helpen de context te visualiseren.

Conclusie:

User stories zijn een krachtig hulpmiddel om de gebruiker centraal te stellen en ervoor te zorgen dat het product aan zijn behoeften voldoet. Door ze effectief te gebruiken, kunt u de kwaliteit van uw ontwerp verbeteren en de tevredenheid van de gebruiker vergroten.

Helemaal juist! User stories zijn een geweldig startpunt om onze creativiteit te stimuleren en alle mogelijke interacties die een gebruiker met ons product zou kunnen hebben, volledig te verkennen.

Geweldig idee om user stories uit te breiden vanuit een initiële actie. Dit proces, **"fan out"** of **"expanding user stories** " genoemd, stelt ons in staat om nieuwe features en vereisten te identificeren die mogelijk niet in eerste instantie zijn benadrukt.

Als we het inlogvoorbeeld gebruiken, kunnen we de volgende aanvullende gebruikersverhalen genereren:

- **Registratie:** *Als nieuwe gebruiker wil ik mij registreren voor de service om toegang te krijgen tot alle functies.*

- **Wachtwoordherstel:** *Als geregistreerde gebruiker wil ik mijn wachtwoord kunnen herstellen als ik het vergeet, zodat ik toegang heb tot mijn account.*
- **Account verwijderen:** *Als geregistreerde gebruiker wil ik mijn account op elk gewenst moment kunnen verwijderen, zodat mijn persoonlijke gegevens uit het systeem worden verwijderd.*
- **Accountinstellingen:** *Als geregistreerde gebruiker wil ik toegang hebben tot mijn accountinstellingen om mijn persoonlijke gegevens en voorkeuren te wijzigen.*

Maar niet alleen dat! We kunnen ook complexere en specifiekere scenario's overwegen, zoals:

- **Inloggen met sociale netwerken:** *Als gebruiker wil ik mij via mijn account op een sociaal netwerk kunnen registreren en inloggen op de dienst.*
- **Twee-factor-authenticatie:** *Als gebruiker wil ik tweefactorauthenticatie kunnen inschakelen om mijn account te beschermen.*
- **Gehouden sessies:** *Als gebruiker wil ik dat mijn sessie gedurende een bepaalde tijd actief blijft, zodat ik niet steeds mijn inloggegevens hoef in te voeren.*

Waarom is het belangrijk om user stories uit te breiden?

- **Holistische visie:** Hiermee krijgen we een completer beeld van het product en de kenmerken ervan.
- **Betere gebruikerservaring:** door alle mogelijke interacties te identificeren, kunnen we een soepelere en meer intuïtieve gebruikerservaring ontwerpen.
- **Bugreductie:** Door potentiële problemen te anticiperen, kunnen we fouten en bugs tijdens de ontwikkeling voorkomen.
- **Prioritering:** helpt ons te begrijpen welke functies het belangrijkst zijn voor gebruikers en om ontwikkelingswerkzaamheden te prioriteren.

Tot slot:

User stories zijn een veelzijdige tool waarmee we de behoeften van gebruikers diepgaand kunnen onderzoeken en de functionele vereisten van ons product kunnen definiëren. Door user stories uit te breiden vanaf een eerste actie, kunnen we nieuwe kansen identificeren en de algehele kwaliteit van onze applicatie verbeteren.

Het verschil tussen gebruikersstroom en sitemap:

Gebruikersstroom

- **Wat het is:** Het zijn visuele weergaven van het pad dat een gebruiker binnen een digitaal product aflegt om een specifiek doel te bereiken.
- **Focus:** Hierbij ligt de nadruk op de acties van de gebruiker, de beslissingen die hij neemt en de contactpunten met de interface.
- **Doel:** Ze helpen inzicht te krijgen in de manier waarop gebruikers met het product omgaan, identificeren eventuele knelpunten en optimaliseren de gebruikerservaring.
- **Voorbeelden:**
  - E-commerce afrekenproces
  - Een account registreren en activeren
  - Zoek en boek een vlucht
- **Hulpmiddelen:** stroomdiagrammen, wireframes, prototypes.

Sitemap

- **Wat het is:** Het zijn visuele kaarten die de structuur en hiërarchie van de pagina's van een website weergeven.
- **Focus:** De nadruk ligt op de organisatie van de inhoud en de relatie tussen de inhoud en elkaar.
- **Doel:** Ze helpen de algemene structuur van de site te begrijpen, vergemakkelijken de navigatie en verbeteren de SEO.
- **Voorbeelden:**
  - Hiërarchische kaart van de pagina's van een website
  - Kaart van categorieën en producten van een e-commerce
- **Hulpmiddelen:** software voor webdesign, hulpmiddelen voor het maken van sitemaps.

Relatie tussen gebruikersstroom en sitemap

Hoewel het twee verschillende concepten zijn, zijn gebruikersstroom en sitemap nauw met elkaar verbonden:

- **Een goede gebruikersstroom is gebaseerd op een solide sitemap:** een goed georganiseerde sitestructuur maakt het eenvoudig om intuïtieve gebruikersstromen te creëren.
- **Gebruikersstromen kunnen aangeven dat de sitemap moet worden aangepast:** als een gebruikersstroom bijzonder complex of verwarrend is, moet u mogelijk de structuur van de site herzien.

Samengevat:

- **Gebruikersstroom:** de reis die de gebruiker door het product maakt.
- **Sitemap:** De routekaart van het product.

Beide zijn essentieel voor het creëren van een positieve gebruikerservaring en een succesvolle website.

De user story-benadering die u gebruikt, is van cruciaal belang om ervoor te zorgen dat uw interfaces zijn gericht op de behoeften van de gebruiker.

Laten we eens kijken naar enkele belangrijke aspecten van het ontwerp van de inlogpagina:

Essentiële zaken en aanvullende overwegingen:

- **Invoervelden:**
  - **Gebruikersnaam en wachtwoord:** Zorg ervoor dat deze duidelijk gelabeld zijn en een geschikte opmaak hebben (bijv. minimale lengte, toegestane tekens).
  - **Wachtwoord onthouden:** Zorg voor een optie om het wachtwoord veilig op te slaan (indien toegestaan door de privacywetgeving).
  - **Automatisch aanvullen:** Overweeg om automatisch aanvullen in uw browser in te schakelen, zodat u gemakkelijker uw inloggegevens kunt invoeren.
- **Inlogknop:**
  - **Duidelijke en beknopte tekst:** "Aanmelden", "Inloggen", "Enter" zijn veelvoorkomende opties.
  - **Opvallend ontwerp:** de knop moet de aandacht van de gebruiker trekken en tot actie aanzetten.
- **Link om wachtwoord te herstellen:**
  - **Zichtbare positie:** Plaats de link zo dat deze gemakkelijk te vinden is.
  - **Duidelijk proces:** Definieer een duidelijke stroom voor wachtwoordherstel (bijv. het verzenden van een e-mail met een resetlink).
- **Registratielink:**
  - **Duidelijk en beknopt:** "Maak een account aan", "Registreren", "Aanmelden" zijn veelvoorkomende opties.
  - **Strategische plaatsing:** Denk na of u de advertentie naast de aanmeldknop of op een apart gedeelte van de pagina plaatst.
- **Foutmeldingen:**

- **Duidelijk en beknopt:** Geef de gebruiker duidelijk aan waarom het inloggen is mislukt (bijvoorbeeld 'Gebruikersnaam of wachtwoord onjuist', 'Account niet geactiveerd').
- **Plaatsing:** Toon foutmeldingen bij de betreffende velden.

Overwegingen met betrekking tot de gebruikerservaring:

- **Responsief ontwerp:** zorg ervoor dat uw inlogpagina op alle apparaten (desktop, tablet, smartphone) correct wordt weergegeven.
- **Beveiliging:** Voer de nodige beveiligingsmaatregelen in om de gebruikersgegevens te beschermen (bijvoorbeeld encryptie, bescherming tegen hackaanvallen).
- **Toegankelijkheid:** ontwerp uw pagina zo dat deze toegankelijk is voor alle gebruikers, inclusief mensen met een beperking.
- **Visuele ervaring:** Gebruik een helder en intuïtief ontwerp, met kleuren en lettertypen die vertrouwen en professionaliteit uitstralen.

Wat zijn ontwerppatronen?

Design patterns zijn terugkerende en bewezen oplossingen voor veelvoorkomende problemen in de gebruikersinterface. Het zijn als "recepten" waarmee we intuïtieve en consistente interfaces kunnen creëren, waarbij we gebruikmaken van wat gebruikers al weten van andere applicaties.

Waarom zijn ze belangrijk?

- **Consistentie:** Ze maken de interface voorspelbaarder en vertrouwder voor gebruikers, waardoor de leercurve wordt verkort.
- **Efficiëntie:** Gebruikers kunnen sneller acties uitvoeren, omdat ze elementen en interacties herkennen.
- **Tevredenheid:** Een consistente en intuïtieve interface verhoogt de tevredenheid van de gebruiker.

Voorbeelden van veelvoorkomende ontwerppatronen:

- **Navigatiebalk:** Een horizontale of verticale balk met links naar de belangrijkste onderdelen van de site.
- **Hamburgermenu:** Een pictogram met drie horizontale lijnen. Wanneer u erop klikt, verschijnt er een vervolgkeuzemenu.
- **Modaal:** Een overlayvenster met aanvullende inhoud.
- **Kaart:** Een houder die informatie op een visueel aantrekkelijke manier presenteert.

Het belang van gewoontes en het kiezen van patronen

Bij het kiezen van een ontwerppatroon moeten we rekening houden met:

- **Context:** Wat is het type applicatie? Wie is de doelgebruiker?
- **Conventies:** Wat zijn de meest voorkomende patronen in uw branche?
- **Doelen:** Wat zijn de doelen die we met de interface willen bereiken?

Een voorbeeld: als we een e-commerce-app ontwerpen, kunnen we ervoor kiezen om een navigatiepatroon met tabbladen te gebruiken om de verschillende productcategorieën te ordenen. Dit is namelijk een heel gebruikelijk en intuïtief patroon voor gebruikers in deze context.

Aandacht:

- **Volg niet blindelings patronen:** patronen zijn een leidraad, geen harde en snelle regel. Soms moet je innoveren en op maat gemaakte oplossingen creëren.
- **Gebruikerstesten:** Het is essentieel om onze keuzes te testen met echte gebruikers om te verifiëren of de gekozen patronen daadwerkelijk effectief zijn.

Kortom: Design patterns zijn een waardevol hulpmiddel voor het creëren van effectieve en intuïtieve gebruikersinterfaces. Het is echter belangrijk om ze bewust te gebruiken en ze aan te passen aan de specifieke context van ons project. Vergeet nooit dat het uiteindelijke doel is om een positieve en bevredigende gebruikerservaring te creëren.

Waarom zou u zich laten inspireren door leiders uit de industrie?

- **Efficiëntie:** Doordat we niet het wiel opnieuw hoeven uit te vinden, besparen we tijd en middelen.
- **Betrouwbaarheid:** De patronen die deze giganten gebruiken, zijn grondig getest en hebben hun effectiviteit bewezen.
- **Vertrouwdheid:** Gebruikers zijn gewend aan deze interfaces en zullen zich prettiger voelen bij uw product.

Er zijn echter een aantal zaken waar u rekening mee moet houden voordat u blindelings kopieert:

- **Context:** Elk bedrijf heeft een specifiek publiek en product. Wat werkt voor Booking.com is mogelijk niet ideaal voor uw app.
- **Personalisatie:** Het is essentieel om de patronen aan te passen aan uw merk en visuele identiteit.
- **Innovatie:** Wees niet bang om te experimenteren en nieuwe elementen te introduceren.

Hoe kun je geïnspireerd raken door leiders in de industrie zonder te kopiëren?

1. **Diepgaande analyse:** bestudeer de interfaces van uw concurrenten zorgvuldig en probeer te begrijpen waarom ze werken.
2. **Patroonidentificatie:** identificeer terugkerende patronen en de creatieve oplossingen die hiervoor worden toegepast.
3. **Aanpassing:** Pas patronen aan uw context en visuele identiteit aan.
4. **Test:** test uw oplossingen met gebruikers om te zien hoe effectief ze zijn.

Voorbeelden van wat u van leiders in de sector kunt leren:

- **Lay-out:** Hoe zijn elementen op de pagina georganiseerd? Wat zijn de visuele hiërarchieën?
- **Microcopy:** Welke teksten worden gebruikt voor labels, knoppen en foutmeldingen?
- **Feedback:** Hoe worden de resultaten van gebruikersacties (bijv. fouten, successen) gecommuniceerd?
- **Toegankelijkheid:** Hoe worden focus, contrast en andere toegankelijkheidsfuncties beheerd?

Tot slot Inspiratie opdoen bij leiders uit de industrie is een gebruikelijke en aanbevolen praktijk. Het is echter essentieel om een kritische benadering te behouden en u aan te passen aan de specifieke context van uw project.

Helemaal juist!

Het afrekenproces van Amazon is een goed voorbeeld van hoe gebruikersgewoonten, gecombineerd met een doordacht, iteratief ontwerp, kunnen leiden tot een uitzonderlijke gebruikerservaring.

Waarom zou je je laten inspireren door Amazon (en andere giganten in de sector)?

- **Marktvalidatie:** Miljoenen gebruikers hebben deze processen al getest en goedgekeurd.
- **Optimalisatie:** Deze processen zijn in de loop van de tijd verfijnd, waardoor mogelijke wrijvingen zijn geëlimineerd.
- **Vertrouwdheid:** Gebruikers verwachten vergelijkbare elementen in andere producten aan te treffen, waardoor de ervaring intuïtiever wordt.

Het is echter belangrijk om enkele belangrijke punten te benadrukken:

- **Specifieke context:** Niet alle producten zijn gelijk. Een e-commerce-app voor luxe goederen kan bijvoorbeeld een geavanceerder afrekenproces vereisen dan een app voor de aankoop van alledaagse producten.
- **Personalisatie:** Het is essentieel om patronen aan te passen aan uw merk en visuele identiteit. Ze te nauwkeurig kopiëren kan leiden tot een

inconsistente gebruikerservaring.

- **Innovatie:** Wees niet bang om te experimenteren en nieuwe elementen te introduceren. Het doel is altijd om de gebruikerservaring te verbeteren, niet om simpelweg te repliceren wat al bestaat.

Hoe patronen van andere producten te gebruiken:

1. **Diepgaande analyse:** bestudeer het afrekenproces van Amazon en andere concurrenten in detail.
2. **Sterke punten identificeren:** wat maakt deze processen zo effectief?
3. **Aanpassing:** Pas deze elementen aan uw context aan, rekening houdend met de kenmerken van uw product en uw bedrijfsdoelstellingen.
4. **Test:** test uw oplossingen met gebruikers om te zien hoe effectief ze zijn.

Voorbeelden van patronen om te overwegen:

- **Voortgangsbalk:** Geeft de gebruiker de voortgang van het afrekenproces weer.
- **Samenvatting van bestelling:** Hiermee kan de gebruiker de bestelgegevens bekijken voordat hij de aankoop bevestigt.
- **Meerdere betaalmogelijkheden:** Het biedt de gebruiker een breed scala aan betaalmethoden.
- **Afrekenen als gast:** Hiermee kan de gebruiker een aankoop doen zonder een account aan te maken.

Tot slot

Inspiratie opdoen bij leiders uit de industrie is een geweldige strategie om het ontwerpproces te versnellen en de gebruikerservaring te verbeteren. Het is echter essentieel om een kritische benadering te behouden en u aan te passen aan de specifieke context van uw project.

Simpel gezegd is een design pattern een kant-en-klaar recept voor het oplossen van een terugkerend probleem in user interface design. Het is een beproefde oplossing die andere designers al succesvol hebben gebruikt.

Waarom patronen gebruiken?

- **Efficiëntie:** U bespaart tijd en middelen, omdat u niet het wiel opnieuw hoeft uit te vinden.
- **Consistentie:** zorgt voor intuïtievere en vertrouwde interfaces voor gebruikers, omdat deze gebaseerd zijn op visuele elementen en interacties die al bekend zijn.
- **Betere gebruikerservaring:** kant-en-klare oplossingen zijn vaak het resultaat van uitgebreide tests en optimalisaties en zorgen voor een soepelere gebruikerservaring.

Voorbeelden van patronen die u noemde:

- **Tabbalk:** Ideaal voor eenvoudige navigatie met een paar hoofdopties.
- **Hamburgermenu:** Ideaal om snel toegang te bieden tot een groot aantal opties, zonder de initiële interface te overbelasten.

Andere veelvoorkomende voorbeelden van patronen:

- **Kaart:** Een verpakking die informatie op een visueel aantrekkelijke en gemakkelijk scanbare manier presenteert.
- **Modaal:** Een overlayvenster met aanvullende inhoud, zoals een registratieformulier of bevestigingsbericht.
- **Carrousel:** Een reeks elementen die horizontaal of verticaal scrollen.
- **Accordeon:** Een container waarmee delen van de inhoud kunnen worden uitgevouwen en samengevouwen.

Wanneer patronen gebruiken:

- **Wanneer u een snelle en effectieve oplossing nodig hebt.**
- **Wanneer u een interface wilt creëren die voldoet aan de verwachtingen van de gebruiker.**
- **Wanneer u de complexiteit van een ontwerp wilt verminderen.**

Wanneer je geen patronen moet gebruiken:

- **Wanneer u een zeer op maat gemaakte oplossing nodig hebt.**
- **Wanneer bestaande patronen niet aan uw specifieke behoeften voldoen.**

Belangrijk:

- **Kopieer niet zomaar:** patronen zijn een startpunt, geen rigide regel. Pas ze aan op uw context en visuele identiteit.
- **Test uw oplossingen altijd:** zelfs als u geconsolideerde patronen gebruikt, is het essentieel om uw interfaces met echte gebruikers te testen om de effectiviteit ervan te verifiëren.

Tot slot:

Design patterns zijn een waardevol hulpmiddel voor elke ontwerper. Ze stellen u in staat om efficiëntere, intuïtievere en consistentere interfaces te creëren. Het is echter belangrijk om ze bewust te gebruiken en ze aan te passen aan uw specifieke project.

Design patterns zijn onmisbare tools geworden voor designers, en platforms als Pttrns.com zijn daar het bewijs van. Ze bieden een schat aan kant-en-klare oplossingen, waarmee we:

- **Bespaar tijd:** We hoeven niet steeds het wiel opnieuw uit te vinden.

- **Verhoog de consistentie:** Onze interfaces zijn vertrouwder voor gebruikers, omdat ze de industrienormen als referentie gebruiken.
- **Verbeter de efficiëntie:** patronen zijn vaak het resultaat van uitgebreide tests en optimalisaties, wat resulteert in een soepelere gebruikerservaring.

Google's Material Design is een ander uitstekend voorbeeld. Het biedt een uitgebreide set richtlijnen en componenten, waarmee ontwerpers relatief snel consistente, hoogwaardige interfaces kunnen maken.

Wireframing, zoals u terecht opmerkte, is een echte puzzel. We moeten rekening houden met:

- **Op te lossen problemen:** Wat zijn de doelen van gebruikers en hoe kunnen we hen helpen deze te bereiken?
- **Mogelijke oplossingen:** Welke patronen of componenten kunnen ons helpen deze problemen op te lossen?
- **Ruimtelijke organisatie:** Hoe verdelen we elementen op het scherm om een visueel aantrekkelijke en intuïtieve interface te creëren?
- **Gebruikersstroom:** Hoe zorgen we ervoor dat de gebruiker soepel tussen verschillende schermen kan bewegen?

Een belangrijk aspect dat u aanstipte, zijn user stories. User stories helpen ons gebruikersdoelen te definiëren en de acties te identificeren die ze moeten kunnen uitvoeren. Op deze manier kunnen we wireframes maken die perfect aansluiten op de behoeften van de gebruiker.

Samengevat moet een goed ontwerpproces het volgende omvatten:

1. **Gebruikersverhalen definiëren:** begrijpen wat gebruikers willen doen.
2. **Patroonherkenning:** identificeer patronen die de problemen die u hebt geïdentificeerd het beste oplossen.
3. **Wireframes maken:** Rangschik elementen op het scherm op een duidelijke en intuïtieve manier.
4. **Gebruikerstest:** controleer of de interface gebruiksvriendelijk is en voldoet aan de behoeften van de gebruiker.

Een advies:

Kopieer niet zomaar patronen. Gebruik ze als uitgangspunt en pas ze aan op uw specifieke context. Elk project heeft zijn eigen bijzonderheden en vereist maatwerkoplossingen.

Het is essentieel om bij het ontwerpen van een gebruikersinterface rekening te houden met gebruikersgewoonten en richtlijnen voor het besturingssysteem. Als u deze aspecten negeert, creëert u een gefragmenteerde en mogelijk frustrerende gebruikerservaring.

Waarom is het zo belangrijk om de richtlijnen van het besturingssysteem

te volgen?

- **Consistentie:** Gebruikers zijn gewend aan bepaalde interacties en verwachtingen binnen een specifiek besturingssysteem. Het volgen van richtlijnen zorgt voor een ervaring die consistent is met wat de gebruiker al weet.
- **Gebruiksgemak:** De richtlijnen bieden een reeks reeds geteste en geoptimaliseerde patronen en componenten, waardoor de app gemakkelijker te gebruiken en te leren is.
- **Acceptatie:** Een app die voldoet aan de richtlijnen van het besturingssysteem, wordt door gebruikers als professioneler en betrouwbaarder ervaren.

Het geval van Android en iOS:

Zoals u terecht opmerkt, hanteren Android en iOS heel verschillende richtlijnen.

- **Material Design:** benadrukt het belang van diepte, schaduwen en overgangen, waardoor een visueel aantrekkelijke en driedimensionale interface ontstaat.
- **Richtlijnen voor de menselijke interface:** Leg de nadruk op eenvoud, duidelijkheid en elegantie, met een platter, minimalistischer ontwerp.

Een concreet voorbeeld:

De "floating action button" (FAB) is een geweldig voorbeeld van de verschillen tussen de twee besturingssystemen. Terwijl Android het aanmoedigt als een belangrijk interface-element, neigt iOS naar meer geïntegreerde en minder opdringerige oplossingen.

Wat betekent dit voor ontwerpers?

- **Onderzoek:** Voordat u met ontwerpen begint, is het van essentieel belang dat u de richtlijnen voor het beoogde besturingssysteem grondig bestudeert.
- **Aanpassing:** Patronen en componenten moeten worden aangepast aan de specifieke context van de app en de visuele identiteit van het merk.
- **Testen:** Het is essentieel om de interface te testen met echte gebruikers om er zeker van te zijn dat deze intuïtief en gebruiksvriendelijk is.

Tot slot:

Het volgen van de richtlijnen voor besturingssystemen betekent niet dat u uw creativiteit opgeeft. Integendeel, het stelt u in staat om u te richten op de belangrijkste aspecten van de gebruikerservaring, zoals functionaliteit en bruikbaarheid.

Goede punten! Je raakt een aantal belangrijke punten die vaak over het hoofd worden gezien in de digitale designwereld.

Het belang van UI in het huidige landschap:

U hebt gelijk als u erop wijst dat de UI niet alleen een "jurk" is voor een digitaal product, maar een cruciaal element voor het succes ervan. Een goed ontworpen interface:

- **Vergroot de betrokkenheid:** een aantrekkelijke en intuïtieve gebruikersinterface moedigt gebruikers aan om met uw product te interacteren.
- **Versterkt het merk:** helpt een sterke visuele identiteit te creëren die consistent is met de waarden van het merk.
- **Maak uw product onderscheidend:** in een verzadigde markt kan een goed ontworpen gebruikersinterface het verschil maken.
- **Verbeter de gebruikerservaring:** een goed gestructureerde en prettig te gebruiken interface verhoogt de tevredenheid van de gebruiker.

De rol van patronen en benchmarks:

Om een effectieve UI te ontwerpen, is het essentieel om bestaande ontwerppatronen te kennen en te gebruiken. Deze patronen vertegenwoordigen bewezen oplossingen voor terugkerende problemen en kunnen een geweldig startpunt zijn voor het creëren van nieuwe interfaces.

Waarom patronen gebruiken?

- **Efficiëntie:** U bespaart tijd en middelen doordat u niet het wiel opnieuw hoeft uit te vinden.
- **Consistentie:** Creëer intuïtievere en vertrouwde interfaces voor gebruikers.
- **Betere bruikbaarheid:** patronen zijn vaak het resultaat van uitgebreide tests en optimalisaties.

Hoe patronen te gebruiken:

- **Analyse:** Bestudeer bestaande patronen zorgvuldig en begrijp de principes erachter.
- **Aanpassing:** Pas patronen aan uw specifieke context en de visuele identiteit van uw product aan.
- **Innovatie:** Wees niet bang om te experimenteren en nieuwe elementen te introduceren.

Voorbeelden van populaire patronen:

- **Navigatiebalk:** Een horizontale of verticale navigatiebalk.
- **Hamburgermenu:** Een pictogram met drie horizontale lijnen dat een

menu verbergt.

- **Kaart:** Een houder die informatie op een visueel aantrekkelijke manier presenteert.
- **Modaal:** Een overlayvenster met aanvullende inhoud.

Het belang van trends:

Trends in digitaal design beïnvloeden de keuzes van gebruikers sterk. Het is belangrijk om ze in de gaten te houden om actuele en wenselijke interfaces te creëren. Het is echter essentieel om trends niet blindelings te volgen, maar ze te interpreteren en aan te passen aan uw context.

Praktisch advies:

- **Bestudeer uw concurrenten:** analyseer de gebruikersinterfaces van de grootste concurrenten in uw branche om de populairste trends en patronen te identificeren.
- **Gebruik ontwerphulpmiddelen:** Er zijn talloze hulpmiddelen die een breed scala aan vooraf gebouwde patronen en componenten bieden.
- **Test uw oplossingen:** test uw interfaces met gebruikers om hun effectiviteit te verifiëren.

Tot slot:

UI-ontwerp is een complex proces dat een combinatie vereist van creativiteit, kennis van ontwerpprincipes en het vermogen om zich aan te passen aan markttrends. Door bestaande patronen als uitgangspunt te gebruiken en altijd rekening te houden met de behoeften van gebruikers, is het mogelijk om interfaces te creëren die zowel esthetisch aantrekkelijk als zeer functioneel zijn.

Kleuranalyse en inzichten

Om de keuze van kleuren, pictogrammen en lettertypen bij het ontwerpen van een gebruikersinterface aan te pakken:

Keuze van kleuren

- **Kleurenpsychologie:** Elke kleur roept verschillende emoties en sensaties op. Het is essentieel om kleuren te kiezen op basis van de boodschap die u wilt overbrengen en het doelpubliek.
- **Toegankelijkheid:** Zorg ervoor dat het kleurenschema dat u kiest, voldoende contrast biedt en leesbaar is voor mensen met verschillende zichttypen.
- **Culturele context:** De betekenis van kleuren kan variëren afhankelijk van de cultuur. Het is belangrijk om hier rekening mee te houden, vooral bij het ontwerpen voor een internationaal publiek.

Kleurenpaletten maken

- **Adobe Color CC:** Deze tool is erg handig voor het maken van harmonieuze en coherente paletten. Naast het genereren van paletten die beginnen met een basiskleur, kunt u hiermee verschillende combinaties verkennen en deze opslaan voor toekomstig gebruik.
- **Coolors:** Nog een geweldig alternatief voor Adobe Color CC, met een intuïtieve interface en vergelijkbare functies.

Pictogrammen kiezen

- **Stijlconsistentie:** Pictogrammen moeten consistent zijn met de visuele stijl van de gehele interface. Het is belangrijk om pictogrammen te kiezen die dezelfde lijndikte, kleurenpalet en detailniveau hebben.
- **Duidelijke betekenis:** pictogrammen moeten gemakkelijk te begrijpen zijn en hun betekenis duidelijk communiceren.
- **Schaalbaarheid:** Pictogrammen moeten schaalbaar zijn zonder kwaliteitsverlies, zodat ze optimaal worden weergegeven op verschillende schermformaten.

Lettertype keuze

- **Leesbaarheid:** Het gekozen lettertype moet goed leesbaar zijn, ook op kleine schermen.
- **Persoonlijkheid:** Het lettertype helpt de persoonlijkheid van het merk te definiëren. Het is belangrijk om een lettertype te kiezen dat consistent is met de waarden en het imago van het merk.
- **Combinaties:** Wanneer u twee lettertypen gebruikt, is het belangrijk dat ze elkaar aanvullen en niet met elkaar conflicteren.

Verdere overwegingen

- **User Testing:** De keuze van kleuren, iconen en lettertypes moet worden gevalideerd door middel van user testing. Alleen op deze manier is het mogelijk om te verifiëren of de gemaakte keuzes effectief zijn en of de interface intuïtief en prettig in gebruik is.
- **Trends:** Het is belangrijk om designtrends te volgen, maar verlies daarbij niet het unieke karakter van uw product uit het oog.

Praktisch advies:

- **Maak een stijlgids:** een stijlgids definieert de ontwerpprincipes die tijdens het ontwikkelingsproces gevolgd moeten worden.
- **Gebruik een ontwerpsysteem:** een ontwerpsysteem is een set herbruikbare componenten waarmee u consistente en schaalbare

interfaces kunt maken.

- **Werk samen met een ontwerper:** een professionele ontwerper kan u helpen een visueel aantrekkelijke en functionele interface te creëren.

Als we de vraag "Hoeveel kleuren moet ik gebruiken?" beantwoorden, kunnen we toevoegen dat de keuze van het aantal kleuren ook afhangt van de complexiteit van de interface. Voor eenvoudige interfaces kan een beperkt palet voldoende zijn, terwijl voor complexere interfaces meer kleuren nodig kunnen zijn om de verschillende secties te onderscheiden.

Concluderend is het kiezen van kleuren, iconen en lettertypen een fundamenteel aspect van het ontwerpen van een gebruikersinterface. Het nemen van weloverwogen beslissingen op basis van ontwerpprincipes kan het verschil maken tussen een effectieve interface en een vergetelijke.

Diepgaande analyse: Art Direction en de subjectieve aard ervan

Waarom is art direction zo'n hellend vlak?

- **Subjectiviteit van emoties:** Emoties zijn individuele en unieke ervaringen. Wat de een leuk vindt, vindt de ander misschien niet leuk.
- **Culturele en persoonlijke invloeden:** Esthetische smaak wordt sterk beïnvloed door cultuur, persoonlijke ervaringen en actuele trends.
- **Gebrek aan nauwkeurige statistieken:** in tegenstelling tot UX, waarbij de effectiviteit van een interface kan worden gemeten aan de hand van statistieken zoals conversiepercentage of tijd voor het voltooien van taken, is art direction moeilijker te kwantificeren.
- **Evolutie van smaken:** Esthetische trends veranderen voortdurend, waardoor het moeilijk is om ontwerpen te maken die altijd actueel blijven.

De uitdaging van art direction:

- **Communiceer de merkwaarden:** de grafische interface moet de waarden en de persoonlijkheid van het merk duidelijk en consistent overbrengen.
- **Creëer een emotionele ervaring:** de interface moet positieve emoties oproepen bij de gebruiker en een emotionele connectie met het product creëren.
- **Meegaan met trends:** de artistieke richting moet aansluiten bij de huidige trends, zonder dat dit ten koste gaat van de originaliteit.
- **Voldoen aan de verwachtingen van de klant:** het is belangrijk om een balans te vinden tussen de voorkeuren van de klant en de behoeften van de eindgebruiker.

Hoe deze uitdaging aan te pakken:

- **Onderzoek:** bestudeer ontwerptrends, analyseer de concurrentie en krijg inzicht in de voorkeuren van de doelgroep.
- **Samenwerking:** De klant vanaf de beginfase van het project betrekken bij het besluitvormingsproces.
- **Testen:** test de interface met gebruikers om feedback te verzamelen en de effectiviteit van esthetische keuzes te evalueren.
- **Iteratie:** Bereid zijn om het ontwerp aan te passen en te verfijnen op basis van de ontvangen feedback.

Concluderend is art direction een kunst die gevoeligheid, creativiteit en aanpassingsvermogen vereist. Er is geen magische formule om een perfect ontwerp te creëren, maar door deze tips te volgen, vergroot u uw kans op succes.

Analyse en inzichten in de presentatie van het werk

Het zesde punt benadrukt het cruciale belang van de uiteindelijke presentatie van een ontwerpproject. In deze fase wordt het uitgevoerde werk benadrukt en is de klant (of het team) overtuigd van de geldigheid van de ontwerpkeuzes.

Belangrijkste punten van de presentatie:

- **Duidelijkheid:** Elk aspect van het project moet eenvoudig en direct worden uitgelegd, waarbij overbodige technische details worden vermeden.
- **Consistentie:** Het is essentieel om aan te tonen hoe elke ontwerpkeuze bewust en consistent met de oorspronkelijke doelstellingen is gemaakt.
- **Vertelling:** De presentatie moet een boeiend verhaal zijn dat de luisteraar door het creatieve proces leidt.
- **Begin bij de basis:** begin in de onderzoeks- en analysefase en geef aan waarom u tot de gekozen oplossingen bent gekomen.
- **Visualisatie:** Het gebruik van afbeeldingen, diagrammen en prototypes om abstracte concepten begrijpelijker te maken.

Hoe structureer je een effectieve presentatie:

1. **Invoering:**
   - **Context:** Geef een korte introductie van het project en de doelstelling ervan.
   - **Doelgroep:** Beschrijf het gebruikersprofiel waarop het product zich richt.
   - **Op te lossen probleem:** Leg uit welk probleem het project wil oplossen.
2. **Creatief proces:**

- **Onderzoek:** Toon onderzoeksresultaten (interviews, concurrentieanalyse, etc.).
- **Gebruikersverhaal:** presenteer gebruikersverhalen die de behoeften van de gebruiker definiëren.
- **Wireframes en stromen:** illustreren informatiearchitectuur en de gebruikersreis.
- **Visuele stijl:** beschrijf het gekozen kleurenpalet, de lettertypen en de pictogrammen en geef aan waarom.
- **Prototype:** Toon een interactief prototype om de gebruikerservaring te begrijpen.

3. **Conclusies:**
- **Vat de belangrijkste punten samen:** vat de belangrijkste resultaten van het project samen.
- **Volgende stappen:** Geef aan welke volgende stappen er moeten worden genomen.

Extra tips:

- **Pas uw presentatie aan uw publiek aan:** de taal en het detailniveau moeten aansluiten bij uw publiek.
- **Gebruik effectieve visuele hulpmiddelen:** afbeeldingen, grafieken en animaties kunnen uw presentatie aantrekkelijker maken.
- **Oefening:** Oefen uw presentatie meerdere keren om er zeker van te zijn dat u vloeiend spreekt en niet te veel tijd kwijt bent.
- **Wees voorbereid op het beantwoorden van vragen:** anticipeer op mogelijke vragen en bereid duidelijke, beknopte antwoorden voor.

Concluderend is een effectieve presentatie essentieel om de goedkeuring van de klant te krijgen en het succes van het project te verzekeren. Door deze tips te volgen, kunt u uw ideeën duidelijk en overtuigend communiceren en uitstekende resultaten behalen.

Analyse en inzichten: Proto-Personas als communicatietool

Het punt dat wordt aangehaald is buitengewoon interessant en raakt een cruciaal aspect van design: het vermogen om de beschikbare tools aan te passen aan verschillende situaties. De introductie van **Proto-Personas** vertegenwoordigt een creatieve oplossing om het gebrek aan kwantitatieve data aan te pakken en de klant een concretere weergave van het doel te bieden.

Waarom zijn Proto-Persona's nuttig in presentaties?

- **Maak uw doelgroep tastbaarder:** door een naam, gezicht en verhaal te geven aan een segment van gebruikers, kunnen klanten beter visualiseren en begrijpen met wie ze praten.

- **Ondersteunende ontwerpkeuzes:** Proto-Personas kunnen worden gebruikt om ontwerpbeslissingen te rechtvaardigen door te laten zien hoe de gekozen oplossingen inspelen op de specifieke behoeften van elk gebruikerssegment.
- **Bevorder de communicatie:** Proto-Personas creëren een gemeenschappelijke taal tussen het ontwerpteam en de klant, wat de communicatie en het wederzijds begrip bevordert.

Hoe u effectieve proto-persona's creëert:

- **Voortbouwen op bestaande gegevens:** zelfs als u geen kwantitatieve gegevens hebt, is het belangrijk om voort te bouwen op de kwalitatieve informatie die u tijdens de onderzoeksfase hebt verzameld.
- **Wees specifiek:** Proto-Personas moeten gedetailleerd en realistisch zijn. Vermijd generieke beschrijvingen en stereotypen.
- **De klant betrekken:** Door de klant te betrekken bij het creëren van Proto-Personas, kan het gevoel van eigenaarschap over het project worden versterkt.
- **Gebruik eenvoudige taal:** vermijd technische details en gebruik duidelijke taal die iedereen kan begrijpen.

Voorbeeld van Proto-Persona:

Naam: Giovanni Meneghello **Foto:** Een afbeelding van een man van middelbare leeftijd, gekleed in een net pak, met een geconcentreerde uitdrukking. **Citaat:** "Ik heb betrouwbare en intuïtieve tools nodig om mijn tijd goed te beheren." **Type persoon:** Manager op middenniveau **Bio:** Giovanni is een drukke manager die voortdurend op zoek is naar manieren om processen te stroomlijnen en de productiviteit van zijn team te verhogen.

- **Doelstellingen:** Efficiëntie verhogen, weloverwogen beslissingen nemen, communicatie met het team verbeteren.
- **Behoeften:** Hij heeft een app nodig waarmee hij zijn taken kan organiseren , projecten kan volgen en kan samenwerken met zijn collega's.

Beperkingen van proto-persona's:

- **Gebrek aan validiteit:** Proto-Personas zijn niet gebaseerd op echte gegevens en kunnen subjectief zijn.
- **Risico op stereotypering:** als proto-persona's niet zorgvuldig zijn opgesteld, kunnen ze stereotypen en vooroordelen versterken.

Conclusies:

Proto-Personas zijn een handig hulpmiddel om ontwerpkeuzes te communiceren en het project begrijpelijker te maken voor de klant. Het is echter belangrijk om ze met voorzichtigheid te gebruiken en ze te combineren met andere onderzoekstools om een completer beeld van het doel te krijgen.

Proto-Personas kunnen, indien strategisch gebruikt, een echte wild card worden in onze presentaties. Dit is waarom:

- **Team Alignment:** Zoals u terecht opmerkt, zijn Proto-Personas een geweldig hulpmiddel om de visie van het team al vroeg in het project te verenigen. Alle leden hebben een gedeeld begrip van de behoeften van de gebruiker en werken naar een gemeenschappelijk doel toe.
- **Client Validation:** Door de Proto-Personas aan de klant te presenteren, toont u een professionele en gebruikersgerichte aanpak. U wekt de indruk dat u een diepgaande analyse hebt uitgevoerd en dat u het project hebt gebouwd op basis van de echte behoeften van de doelgroep.
- **Verantwoording van keuzes:** Proto-Personas bieden een solide basis voor het rechtvaardigen van elke ontwerpbeslissing. Als u bijvoorbeeld besluit om een bepaalde functie op te nemen, kunt u uitleggen dat deze specifiek is ingevoegd om te voldoen aan de behoeften van John Meneghello, de manager die zijn tijd efficiënt moet indelen.
- **Effectieve communicatie:** Proto-Personas maken communicatie effectiever en boeiender. Door een naam, een gezicht en een verhaal toe te wijzen aan een typische gebruiker, wordt een emotionele band met de klant gecreëerd en kunnen ze deelnemen aan het project.

Nog een tip:

Om Proto-Personas nog overtuigender te maken, kunt u:

- **Visualiseer:** maak echte kaarten met foto's, citaten en details over de gewoonten en doelen van uw Proto-Persona's.
- **Gebruik ze in wireframes:** Neem uw Proto-Persona's op in wireframes om te laten zien hoe verschillende functies aansluiten bij hun behoeften.
- **Verhalen vertellen:** Gebruik proto-persona's om korte verhalen te creëren die illustreren hoe zij met het product omgaan.

Concluderend kunnen we zeggen dat Proto-Personas een veelzijdig en krachtig hulpmiddel zijn dat in verschillende fasen van het ontwerpproces kan worden ingezet, van het definiëren van de doelstelling tot het presenteren van het uiteindelijke project.

Analyse van A/B-testen en de voordelen ervan

Goed punt over A/B-testen! Je vat het concept en de praktische toepassingen ervan in de wereld van design en digitale marketing perfect samen.

Waarom is A/B-testen zo belangrijk?

- **Datagedreven:** elimineer giswerk en persoonlijke meningen door beslissingen te baseren op concrete, meetbare gegevens.
- **Continue optimalisatie:** Hiermee kunt u uw producten en campagnes voortdurend verbeteren, waardoor de effectiviteit op den duur toeneemt.
- **Conflictbemiddeling:** Zoals u al aangaf, is dit een geweldig hulpmiddel om meningsverschillen binnen het team op te lossen. Het biedt namelijk objectieve gegevens ter ondersteuning van de ene of de andere keuze.
- **Flexibiliteit:** Kan worden toegepast op elk element van een interface of campagne, van de homepage tot een enkele knop.

Hoe u A/B-testen optimaal kunt benutten:

- **Duidelijke definitie van doelstellingen:** Voordat u met een test begint, is het essentieel om duidelijk vast te stellen wat u wilt meten (klikfrequentie, verblijftijd, conversies, enz.).
- **Varieer slechts één variabele per test:** om de impact van elke verandering te isoleren, is het het beste om slechts één variabele tegelijk te wijzigen.
- **Voldoende grote steekproef van gebruikers:** Een te kleine steekproef kan leiden tot niet-significante resultaten.
- **Voldoende testtijd:** De duur van de test hangt af van de variabele die u test en het verkeersvolume van de site.
- **Analyse van de resultaten:** Zodra de test is voltooid, is het essentieel om de verzamelde gegevens te analyseren en nauwkeurige conclusies te trekken.

Het belang van tools zoals Helio:

Tools zoals Helio vereenvoudigen het A/B-testproces aanzienlijk, waardoor het zelfs toegankelijk is voor mensen zonder geavanceerde technische vaardigheden. Met deze tools kunt u:

- **Maak snel variaties:** verander afbeeldingen, teksten en lay-outs met slechts een paar klikken.
- **Segmenteer verkeer:** Toon verschillende variaties voor specifieke gebruikerssegmenten.
- **Resultaten in realtime bewaken:** Bekijk gegevens en prestaties van verschillende varianten.

Nog een tip:

Test niet alleen visuals. A/B-testen kan ook worden gebruikt om:

- **Optimaliseer content:** test verschillende titels, beschrijvingen en oproepen tot actie.

- **Verbeter de structuur van een pagina:** experimenteer met verschillende lay-outs en elementposities.
- **Personaliseer de gebruikerservaring:** bied gepersonaliseerde content aan op basis van gebruikersgedrag.

Concluderend is A/B-testen een zeer krachtig wapen om elk type digitaal product te optimaliseren. Door creativiteit en data te combineren, is het mogelijk om steeds boeiendere en effectievere gebruikerservaringen te creëren.

Analyse van bruikbaarheidstesten en de voordelen ervan

Waarom is bruikbaarheidstesten zo belangrijk?

- **Valideer hypothesen:** Hiermee kunnen we verifiëren of onze intuïties over de gebruikerservaring correct zijn en mogelijke problemen identificeren voordat ze kritiek worden.
- **Kostenbesparing:** Door problemen al in de prototypefase te identificeren en op te lossen, vermijdt u de hoge kosten die gepaard gaan met herontwerpen en correcties in de laatste fase.
- **Verbeter de gebruikerservaring:** door ervoor te zorgen dat uw product eenvoudig te gebruiken is en voldoet aan de behoeften van de gebruiker, vergroot u de tevredenheid en loyaliteit.
- **Vergroot uw geloofwaardigheid:** door de resultaten van bruikbaarheidstests te presenteren, laat u zien dat u een professionele en gebruikersgerichte aanpak hanteert.

Hoe u een effectieve bruikbaarheidstest uitvoert:

- **Definieer doelstellingen:** stel duidelijk vast welke aspecten van het product u wilt testen.
- **Maak een prototype:** maak een prototype dat trouw blijft aan de uiteindelijke interface, met behulp van hulpmiddelen zoals Figma of InVision.
- **Werf deelnemers:** selecteer gebruikers die representatief zijn voor uw doelgroep.
- **Taken voorbereiden:** Definieer de activiteiten die deelnemers moeten uitvoeren.
- **Observeren en gegevens verzamelen:** Observeer deelnemers terwijl ze met het prototype omgaan en noteer hun acties en opmerkingen.
- **Analyseer de resultaten:** identificeer de sterke en zwakke punten van het product en bepaal de verbeterpunten.

Gebruiksvriendelijkheidstesten als verkoopinstrument:

Zoals u terecht opmerkte, kunnen de resultaten van bruikbaarheidstests worden gebruikt om de geloofwaardigheid van het project te versterken en de klant te overtuigen van de effectiviteit van de gekozen oplossingen. Door concrete gegevens en getuigenissen van echte gebruikers te presenteren, wordt aangetoond dat de ontwerpkeuzes bewust en op basis van empirisch bewijs zijn gemaakt.

Nog een tip:

Om nog zinvollere resultaten te krijgen, kunt u usability testing integreren met andere onderzoekstechnieken, zoals vragenlijsten en interviews. Op deze manier kunt u meer informatie verzamelen en een completer beeld krijgen van de gebruikerservaring.

Waarom gebruikersonderzoek vaak over het hoofd wordt gezien en hoe u dit kunt oplossen

Gebruikersonderzoek wordt vaak over **het** hoofd gezien of zelfs overgeslagen. Dit gebeurt om verschillende redenen:

- **Tijd en kosten:** Zoals u al aangaf, kan gebruikersonderzoek een aanzienlijke investering in tijd en middelen vergen.
- **Druk om snel te leveren:** projectdeadlines zijn vaak krap en onderzoek kan een luxe lijken die u zich niet kunt veroorloven.
- **Vertrouw op je eigen intuïtie:** Soms denken ontwerpers of productmanagers dat ze de behoeften van de gebruikers al goed kennen en onderschatten ze het belang van het valideren van hun hypothesen.
- **Moeilijkheden bij het werven van deelnemers:** Het vinden van de juiste deelnemers voor een onderzoek kan lastig en tijdrovend zijn.

Waarom is het een fout om geen gebruikersonderzoek te doen?

- **Ontwerpen gebaseerd op aannames:** Zonder een solide basis van gegevens bestaat het risico dat ontwerpen gebaseerd zijn op aannames en vooroordelen in plaats van op de werkelijke behoeften van de gebruiker.
- **Onbruikbare producten:** Een product dat niet is ontworpen met de behoeften van de gebruiker in gedachten, is moeilijk te gebruiken en zal minder succesvol zijn.
- **Verspilling van middelen:** Als een product niet werkt, loopt u het risico tijd, geld en middelen te verspillen.

Hoe overtuig je klanten en collega's om te investeren in gebruikersonderzoek?

- **Toon de waarde:** leg duidelijk uit hoe gebruikersonderzoek kan leiden tot tastbare resultaten, zoals een hogere gebruikerstevredenheid, lagere kosten en betere conversies.

- **Stel praktische oplossingen voor:** bied praktische oplossingen om onderzoek efficiënt uit te voeren, bijvoorbeeld door online tools te gebruiken of gebruikers op creatieve manieren te betrekken.
- **Begin klein:** Als de klant niet wil investeren in een uitgebreid onderzoek, kunt u beginnen met een kleinschaliger onderzoek, zoals een interview of online enquête.
- **De klant betrekken:** Door de klant bij het onderzoeksproces te betrekken, wordt hij zich er bewuster van hoe belangrijk het is om de behoeften van de gebruiker te begrijpen.

Hoe kunnen we gebruikersonderzoek effectiever maken?

- **Definieer uw doelstellingen duidelijk:** Voordat u met uw onderzoek begint, is het belangrijk om te bepalen welke vragen u wilt beantwoorden.
- **De juiste methodologie kiezen:** Afhankelijk van de doelstellingen kunnen verschillende methodologieën worden gebruikt, zoals interviews, focusgroepen, bruikbaarheidstesten, enz.
- **Analyseer de gegevens zorgvuldig:** de verzamelde gegevens moeten zorgvuldig worden geanalyseerd om zinvolle conclusies te kunnen trekken.
- **Herhaal het proces:** Gebruikersonderzoek is een iteratief proces. De resultaten van een onderzoek kunnen leiden tot nieuwe vragen en verdere inzichten.

Concluderend is gebruikersonderzoek een fundamentele investering om het succes van een product te verzekeren. Hoewel het tijd en middelen kan kosten, wegen de voordelen op de lange termijn ruimschoots op tegen de initiële kosten.

Interviewen is een fundamenteel hulpmiddel in gebruikersonderzoek en kan waardevolle informatie opleveren om de behoeften en het gedrag van gebruikers beter te begrijpen. Hier is een gedetailleerde handleiding over hoe u een effectief interview kunt uitvoeren:

1. Definieer uw doelen:

- **Wat wil je te weten komen?** Welke informatie zoek je? Welke vragen wil je beantwoorden?
- **Wie wil je interviewen?** Wie is je doelgroep? Welke eigenschappen moeten deelnemers hebben?

2. Bereid een spoor voor:

- **Open vragen:** Begin met algemene vragen om de geïnterviewde op zijn gemak te stellen en aan te moedigen om te praten.

- **Specifieke vragen:** Ga dieper in op de onderwerpen die u interesseren met directe en specifieke vragen.
- **Funnelvragen:** begin met algemene vragen en ga daarna dieper in op de details.
- **Vervolg vragen:** Wees voorbereid om vervolg vragen te stellen op basis van de antwoorden van de geïnterviewde.

3. Kies de plaats en tijd:

- **Comfortabele omgeving:** Kies een rustige plek zonder afleidingen.
- **Een geschikt tijdstip:** Respecteer de tijd van de geïnterviewde en kies een tijdstip dat voor jullie beiden geschikt is.

4. Neem het interview op:

- **Vraag om toestemming:** Laat de geïnterviewde weten dat u het interview gaat opnemen en vraag om zijn of haar toestemming.
- **Maak aantekeningen:** Ook als u het interview opneemt, moet u aantekeningen maken om de belangrijkste punten te markeren.

5. Voer het interview uit:

- **Zorg voor een ontspannen sfeer:** begin met een korte introductie en stel de geïnterviewde op zijn gemak.
- **Luister actief:** concentreer u op wat de geïnterviewde zegt en onderbreek hem of haar niet.
- **Stel open vragen:** moedig de geïnterviewde aan om zijn of haar mening en gevoelens te uiten.
- **Gebruik lichaamstaal:** uw lichaamstaal kan de antwoorden van de geïnterviewde beïnvloeden.

6. Analyseer de gegevens:

- **Transcribeer interviews:** Transcribeer interviews of gebruik automatische transcriptietools.
- **Identificeer terugkerende thema's:** zoek naar gemeenschappelijke patronen en thema's in de antwoorden van geïnterviewden.
- **Maak samenvattingen:** vat de belangrijkste punten van elk interview samen.
- **Gebruik gegevens om uw ontwerp vorm te geven:** gebruik de informatie die u verzamelt om uw product of dienst te verbeteren.

Extra tips:

- **Oefening:** Hoe meer interviews u doet, hoe meer u zich op uw gemak voelt.

- **Wees flexibel:** wees bereid om uw opzet aan te passen op basis van de antwoorden van de geïnterviewde.
- **Wees empathisch:** verplaats u in de situatie van de geïnterviewde en probeer zijn of haar standpunt te begrijpen.
- **Wees u bewust van vooroordelen:** wees u bewust van uw vooroordelen en probeer deze te vermijden bij het analyseren van gegevens.

Voorbeelden van open vragen:

- Hoe voelt u zich als u dit product gebruikt?
- Wat zijn de grootste moeilijkheden die u tegenkomt?
- Wat vind je het leukst en het minst leuk aan dit product?
- Hoe denkt u dat dit product verbeterd kan worden?

Handige hulpmiddelen:

- **Zoom:** Om online interviews af te nemen.
- **Otter:** Interviews transcriberen.
- **Miro:** Samenwerken en aantekeningen maken tijdens het analyseren van gegevens.

Onthoud: het doel van het interview is om de gebruikers en hun behoeften diepgaand te begrijpen. Wees nieuwsgierig, open en bereid om te luisteren naar wat ze te zeggen hebben.

Waar zijn persona's voor?

Persona's zijn fictieve representaties van specifieke gebruikerssegmenten, gemaakt om ontwerpers, productmanagers en marketeers te helpen de behoeften, het gedrag en de motivaties van hun gebruikers beter te begrijpen. In essentie zijn **het** "avatars" die de kenmerken en doelen van een groep mensen belichamen.

Waarom zijn ze zo belangrijk?

- **Focus:** Ze helpen om de ontwerpinspanningen te concentreren op een specifieke groep gebruikers, waardoor er geen middelen worden verspild aan generieke oplossingen.
- **Empathie:** Ze stimuleren empathie bij gebruikers, waardoor ze ontwerpbeslissingen kunnen nemen die echt op hun behoeften zijn gericht.
- **Communicatie:** Ze vergemakkelijken de communicatie binnen het team en met klanten, en zorgen voor een gemeenschappelijke taal om over gebruikers te praten.
- **Validatie van ideeën:** Hiermee kunt u ontwerpideeën valideren voordat u ze implementeert, waardoor u kostbare fouten voorkomt.

De verschillende soorten persona's

Er zijn verschillende soorten persona's, afhankelijk van het detailniveau en het doel waarvoor ze worden gebruikt:

- **Primaire persona's:** zij vertegenwoordigen het belangrijkste gebruikerssegment voor het product of de dienst.
- **Secundaire persona's:** Deze vertegenwoordigen kleinere of minder belangrijke gebruikerssegmenten, maar zijn toch het overwegen waard.
- **Negatieve persona's:** Dit zijn gebruikers die we niet willen aantrekken of die problemen kunnen veroorzaken.
- **Scenariopersona's:** Deze worden gemaakt voor specifieke gebruiksscenario's en helpen u te begrijpen hoe gebruikers in bepaalde situaties met uw product omgaan.

Hoe je persona's creëert

Het creëren van persona's vereist een combinatie van kwalitatief en kwantitatief onderzoek. Dit zijn de belangrijkste stappen:

1. Onderzoek:

- **Interviews:** praat met gebruikers om hun behoeften, frustraties en doelen te begrijpen.
- **Gegevensanalyse:** analyseer gegevens die zijn verzameld uit interviews, enquêtes en gebruikslogboeken.
- **Observatie:** Observeer gebruikers in hun natuurlijke omgeving om inzicht te krijgen in hoe zij omgaan met vergelijkbare producten.

2. Segmentdefinitie:

- **Gebruikers segmenteren:** Verdeel gebruikers in homogene groepen op basis van gemeenschappelijke kenmerken, zoals leeftijd, geslacht, interesses en gedrag.

3. Persona's creëren:

- **Geef een naam en een afbeelding:** Geef de persoon een naam en een afbeelding om het concreter te maken.
- **Beschrijf de demografie:** geef leeftijd, geslacht, beroep, opleidingsniveau, etc. aan.
- **Beschrijf de doelstellingen:** Definieer de belangrijkste doelstellingen die de persoon wil bereiken.
- **Beschrijf gedrag:** Beschrijf hoe de persoon zich online en offline gedraagt.
- **Beschrijf de redenen:** Leg uit waarom de persoon zich op een bepaalde manier gedraagt.

- **Beschrijf frustraties:** Maak een lijst van de belangrijkste frustraties die de persoon ervaart.
- **Citeer een zin:** Schrijf een zin die de persoonlijkheid van de persoon samenvat.

4. **Valideer persona's:**

- **Deel persona's met uw team:** vraag uw collega's om feedback om ervoor te zorgen dat uw persona's realistisch en representatief zijn.
- **Gebruik Persona's in projecten:** Gebruik Persona's om ontwerpbeslissingen te nemen en de effectiviteit van voorgestelde oplossingen te evalueren.

Voorbeelden van interviewvragen:

- Wat motiveert u om dit soort producten te gebruiken?
- Wat zijn uw grootste frustraties bij het gebruik van dit soort producten?
- Wat zijn de belangrijkste kenmerken waar u op let bij een dergelijk product?
- Hoe denkt u dat dit product verbeterd kan worden?

Handige hulpmiddelen:

- **Spreadsheets:** Om de verzamelde gegevens te ordenen.
- **Software voor het maken van persona's:** Er zijn talloze softwareprogramma's waarmee u eenvoudig persona's kunt maken en beheren.
- **Karakterkaarten:** Om Persona's op creatieve manieren weer te geven.

Onthoud: persona's zijn een levend hulpmiddel en moeten regelmatig worden bijgewerkt op basis van de ontwikkelingen in de markt en het gebruikersgedrag.

De Customer Journey in de praktijk: potentieel en integratie

Wat is een Customer Journey?

De **Customer Journey** is een visuele weergave van het pad dat een klant aflegt vanaf het eerste besef van een behoefte tot de aankoop van een product of dienst, en verder. Het is een kaart die alle touchpoints (contactpunten) traceert die de klant heeft met een bedrijf tijdens deze journey.

Het potentieel van de Customer Journey

De Customer Journey biedt bedrijven een breed scala aan voordelen:

- **Krijg diepgaand inzicht in uw klanten:** identificeer de behoeften, verwachtingen en het gedrag van klanten in elke fase van hun klantreis.
- **Verbeter de klantervaring:** hiermee kunt u zwakke punten in de

customer journey identificeren en de klantervaring optimaliseren, waardoor deze soepeler en bevredigender verloopt.

- **Verhoog conversies:** helpt conversiekansen te identificeren en marketing- en verkoopstrategieën te optimaliseren.
- **Loyaliteit vergroten:** hiermee kunt u langdurige relaties met klanten opbouwen en hen een persoonlijke en bevredigende ervaring bieden.
- **Optimaliseer middelen:** hiermee kunt u middelen effectiever toewijzen en u richten op activiteiten die de grootste impact hebben op de customer journey.
- **Gedrag voorspellen:** helpt toekomstig klantgedrag te voorspellen en hun behoeften te anticiperen.

Hoe u de klantreis in uw strategie kunt integreren

Customer Journey-integratie vereist een holistische benadering en samenwerking tussen verschillende teams binnen het bedrijf. Hier zijn enkele belangrijke stappen:

1. **De reis in kaart brengen:**

    - **Identificeer contactpunten:** alle contactpunten tussen de klant en het bedrijf (website, sociale media, e-mail, fysieke winkel, enz.).
    - **Definieer de fasen:** verdeel de customer journey in fasen (bewustwording, overweging, aankoop, na-aankoop, loyaliteit).
    - **Analyseer emoties:** begrijp de emoties die de klant in elke fase voelt.
    - **Identificeer pijnpunten:** Identificeer de knelpunten en moeilijkheden die de cliënt tegenkomt.

2. **Gegevens verzamelen:**

    - **Analyse van bestaande gegevens:** gebruik gegevens uit verschillende bronnen (webanalyse, CRM, enquêtes, enz.).
    - **Kwalitatief onderzoek:** voer interviews, focusgroepen of bruikbaarheidstesten uit om inzicht te krijgen in de percepties en meningen van klanten.

3. **Maak een customer journey map:**

    - **Visualiseer de customer journey:** gebruik hulpmiddelen zoals stroomdiagrammen of mindmaps om de customer journey visueel weer te geven.
    - **Pas de kaart aan:** pas de kaart aan op de specifieke behoeften van het bedrijf en het product/de dienst.

4. **Optimaliseer de route:**

    - **Los knelpunten op:** identificeer en los problemen op die de customer journey belemmeren.

- **Personaliseer de ervaring:** bied gepersonaliseerde ervaringen op basis van de behoeften en het gedrag van klanten.
- **Optimaliseer contactpunten:** verbeter de effectiviteit van elk contactpunt.

5. **Meet de resultaten:**

- **Definieer KPI's:** identificeer belangrijke prestatie-indicatoren (KPI's) om de effectiviteit van ondernomen acties te meten.
- **Resultaten bewaken:** Gebruik analysetools om de prestaties te bewaken en indien nodig aanpassingen door te voeren.

Voorbeelden van Customer Journey Integratie

- **E-commerce:** Personaliseer productaanbevelingen op basis van uw browsegeschiedenis en eerdere aankopen.
- **Klantenservice:** Bied proactieve, multi-channel klantenservice.
- **Marketing:** Creëer gerichte marketingcampagnes op basis van de fase van de customer journey.

Handige hulpmiddelen

- **CRM-software:** voor het beheren van klantrelaties en het verzamelen van gegevens.
- **Webanalysetools:** om het gebruikersgedrag op de website te analyseren.
- **Software voor het in kaart brengen van de klantreis:** voor het maken en visualiseren van klantreiskaarten.

Concluderend is de Customer Journey een fundamenteel hulpmiddel om uw klanten volledig te begrijpen en een steeds persoonlijkere en bevredigendere aankoopervaring te bieden. Door te investeren in een nauwkeurige analyse van de customer journey kunnen bedrijven hun prestaties verbeteren en een concurrentievoordeel behalen.

Concurrentieanalyse: het profiel definiëren en integreren in de strategie

Concurrentieanalyse is een fundamenteel proces voor elk bedrijf dat een concurrerende positie in de markt wil behouden. Het bestaat uit het identificeren en evalueren van zijn directe en indirecte concurrenten, om hun strategieën, sterktes en zwaktes en kansen voor differentiatie te identificeren.

Een concurrentieprofiel definiëren

Om een compleet profiel van een concurrent te creëren, is het noodzakelijk om verschillende aspecten te analyseren:

- **Producten en diensten:** Welke producten of diensten bieden ze aan? Wat zijn hun belangrijkste kenmerken? Wat zijn hun prijzen?
- **Doelmarkt:** Welk marktsegment targeten ze? Wie zijn hun ideale klanten?
- **Distributiekanalen:** Hoe distribueren ze hun producten of diensten? Wat zijn hun belangrijkste verkoopkanalen?
- **Marketingstrategieën:** Wat zijn hun marketingstrategieën? Hoe communiceren ze met klanten? Welke kanalen gebruiken ze?
- **Sterke en zwakke punten:** Wat zijn hun sterke en zwakke punten vergeleken met uw bedrijf?
- **Concurrentievoordelen:** Wat zijn hun concurrentievoordelen? Wat maakt ze uniek?

Een voorbeeld van een concurrentenprofiel kan zijn:

- **Bedrijf:** [Bedrijfsnaam]
- **Belangrijkste producten:** CRM-software voor kleine bedrijven
- **Doelgroep:** Kleine bedrijven met minder dan 50 werknemers
- **Distributiekanalen:** Website, online marktplaats, partnerschappen met consultants
- **Sterke punten:** Gebruiksgemak, integratie met andere tools, concurrerende prijs
- **Zwakte:** beperkte aanpassingsmogelijkheden, klantenservice reageert niet altijd

Hoe u concurrentieanalyse in uw strategie kunt integreren

Concurrentieanalyse is geen op zichzelf staande activiteit, maar moet worden geïntegreerd in de algehele strategie van het bedrijf. Hier zijn enkele manieren om dit te doen:

- **Ontwikkeling van nieuwe producten en diensten:** gebruik de informatie die u verzamelt om nieuwe product- of dienstmogelijkheden te identificeren en uzelf te onderscheiden van uw concurrenten.
- **Marktpositionering:** Bepaal een duidelijke en onderscheidende marktpositie ten opzichte van uw concurrenten.
- **Definitie van marketingstrategie:** Pas marketingstrategieën aan op basis van de acties van concurrenten.
- **Prijzen:** Stel concurrerende prijzen vast en rechtvaardig eventuele prijsverschillen met concurrenten.
- **Verbeter uw aanbod:** identificeer gebieden waarop u uw aanbod kunt verbeteren en beter kunt presteren dan uw concurrenten.
- **Identificeren van nieuwe marktniches:** Ontdek nieuwe marktniches die

nog niet door concurrenten worden bediend.

Handige hulpmiddelen voor concurrentieanalyse:

- **Google Analytics:** Om het verkeer op de websites van concurrenten te analyseren.
- **SEMrush:** Analyseer de trefwoorden die concurrenten gebruiken, hun backlinkprofiel en nog veel meer.
- **SimilarWeb:** Om het verkeer en gebruikersgedrag op concurrerende websites te analyseren.
- **Analyse van sociale media:** om de aanwezigheid van concurrenten op sociale media te analyseren.

Concluderend is concurrentieanalyse een fundamenteel hulpmiddel om concurrerend te blijven op de markt. Het stelt u in staat om de context waarin het bedrijf opereert beter te begrijpen, kansen en bedreigingen te identificeren en beter geïnformeerde strategische beslissingen te nemen.

Wat is informatiearchitectuur?

Informatiearchitectuur **(IA)** is de discipline die zich bezighoudt met het organiseren en structureren van informatie, zodat gebruikers deze gemakkelijk kunnen vinden en snel kunnen begrijpen. In essentie definieert het de structuur van een website of applicatie.

De Sitemap: Een Praktische Tool

Een **sitemap** is een visuele weergave van de structuur van een website. Het is als een kaart die de pagina's van de site en hun relatie tot elkaar laat zien. Het is niet per se een openbaar document, maar het is een essentieel hulpmiddel voor ontwerpers en ontwikkelaars.

Soorten sitemaps:

- **Hiërarchische sitemap:** Geeft de sitestructuur weer in een boomstructuur, met hoofdpagina's als takken en subpagina's als bladeren.
- **Wireframe-sitemap:** combineert hiërarchische structuur met ontwerpelementen om te laten zien hoe pagina's worden weergegeven.

Kaartsortering: een methode voor gebruikersonderzoek

Card **sorting** is een gebruikersonderzoekstechniek waarmee we kunnen begrijpen hoe gebruikers informatie ordenen. Het is gebaseerd op het principe om gebruikers te vragen een reeks kaarten (die inhoud of functionaliteit vertegenwoordigen) te groeperen in logische categorieën.

Soorten kaartsortering:

- **Open kaartsortering:** Gebruikers maken zelf categorieën.
- **Gesloten kaartsortering:** gebruikers wijzen kaarten toe aan vooraf gedefinieerde categorieën.

Integratie van AI in het ontwerpproces

AI is een cruciaal onderdeel van het ontwerpproces. Zo integreert u het:

- **Inhoudsanalyse:** Identificeer de belangrijkste inhoud en de relaties daartussen.
- **Structuur creëren:** Definieer de informatiehiërarchie en de hoofdnavigatie.
- **Kaartsortering:** Valideer de structuur bij gebruikers door middel van kaartsortering.
- **Prototyping:** prototypes maken om structuur en navigatie te testen.
- **Iteratie:** Pas de structuur aan op basis van feedback van gebruikers en testresultaten.

Het belang van AI:

Goede AI is essentieel voor:

- **Maak navigatie eenvoudig:** zorg dat gebruikers eenvoudig kunnen vinden wat ze zoeken.
- **Verbeter de bruikbaarheid:** maak de site of applicatie intuïtiever en gebruiksvriendelijker.
- **Verhoog de gebruikerstevredenheid:** zorg voor een positieve gebruikerservaring.
- **Ondersteun SEO:** verbeter de zichtbaarheid van uw site in zoekmachines.

Concluderend is informatiearchitectuur een sleutelement voor het succes van elk digitaal project. Door de creatie van sitemaps, het gebruik van card sorting en een iteratief ontwerpproces te combineren, is het mogelijk om effectieve en gebruiksvriendelijke informatiestructuren te creëren.

Wireframing en prototyping: hoe doe je dat?

Wireframing en prototyping: een overzicht

Wireframing en **prototyping** zijn twee cruciale fasen in het ontwerpproces van een digitaal product .

- **Wireframing:** Dit is het creëren van een schematische structuur van een gebruikersinterface, met de focus op de rangschikking van elementen en de gebruikersstroom. Wireframes zijn meestal zwart-wit en bevatten geen grafische details.

- **Prototyping:** Het is de creatie van een interactieve versie van een digitaal product, die het gedrag van de gebruiker simuleert. Prototypes kunnen een lage, gemiddelde of hoge betrouwbaarheid hebben, afhankelijk van het vereiste detailniveau .

De vijf stappen op weg naar wireframing

1. **Doelstelling:** Geef duidelijk de doelen van het wireframe aan. Wat wil je communiceren? Voor wie is het?
2. **Inhoud verzamelen:** identificeer alle inhoud die in het wireframe moet worden opgenomen.
3. **Structuur creëren:** Definieer de informatiehiërarchie en de algemene indeling van de pagina's.
4. **Keuze van elementen:** Selecteer de essentiële elementen om de inhoud weer te geven (vakken, lijnen, tijdelijke teksten).
5. **Iteratie:** Controleer en wijzig het wireframe op basis van de ontvangen feedback.

Wireframing-hulpmiddelen

- **Pen en papier:** De gemakkelijkste en snelste methode.
- **Tekensoftware:** Adobe Illustrator, Sketch, Figma.
- **Specifieke hulpmiddelen:** Balsamiq, Wireframe.cc, InVision.

Stappen voor het maken van een prototype

1. **Een getrouwheidsniveau kiezen:** bepaal of u een prototype met lage getrouwheid, gemiddelde getrouwheid of hoge getrouwheid wilt maken.
2. **Selectie van gereedschap:** Kies het gereedschap dat het beste past bij het door u gewenste niveau van getrouwheid.
3. **Wireframe-integratie:** gebruik wireframes als basis voor uw prototype.
4. **Interactiviteit toevoegen:** het prototype klikbaar en interactief maken.
5. **Gebruikers testen:** Gebruik het prototype om bruikbaarheidstesten uit te voeren en feedback te verzamelen.

Prototyping-hulpmiddelen

- **Prototypingsoftware:** InVision, Figma, Adobe XD, ProtoPie.
- **Ontwikkelingshulpmiddelen:** HTML, CSS, JavaScript voor prototypes met een hoge betrouwbaarheid.

Concluderend zijn wireframing en prototyping twee complementaire fasen van het ontwerpproces. Wireframes helpen de structuur en flow van de interface te definiëren, terwijl prototypes u in staat stellen de gebruikerservaring te testen en feedback te verzamelen.

Usability **testing** is een gebruikersonderzoeksmethode waarmee u het gebruiksgemak van een product of service kunt evalueren. Het bestaat uit het observeren van hoe gebruikers omgaan met een product of service om bruikbaarheidsproblemen te identificeren en feedback te krijgen over hun ervaringen.

Soorten bruikbaarheidstesten

Er zijn verschillende soorten bruikbaarheidstesten, elk met zijn eigen specifieke doelstellingen:

- **Bruikbaarheidstesten in het laboratorium:** Deze worden uitgevoerd in een gecontroleerde omgeving, waarbij de gebruiker met het product communiceert onder toezicht van onderzoekers.
- **Gebruiksvriendelijkheidstesten in het veld:** Deze worden uitgevoerd in de natuurlijke omgeving van de gebruiker, waarbij wordt geobserveerd hoe hij het product in het dagelijks leven gebruikt.
- **Remote usability tests:** Deze worden op afstand uitgevoerd met behulp van hulpmiddelen zoals videoconferentie- en schermopnamesoftware.
- **Gemodereerde bruikbaarheidstest:** een moderator begeleidt de gebruiker door de test, stelt vragen en observeert het gedrag.
- **Ongemodereerde bruikbaarheidstest:** De gebruiker voltooit de test zonder tussenkomst van een moderator en geeft feedback via vragenlijsten of video-opnamen.

Hoe voer je een bruikbaarheidstest uit?

1. **Doelstelling:** Geef duidelijk aan wat de doelen van de test zijn. Wat wilt u te weten komen?
2. **Selectie van deelnemers:** Identificeer het beoogde gebruikersprofiel en werf representatieve deelnemers.
3. **Voorbereiding van materialen:** bereid het prototype of product voor dat getest moet worden, de uit te voeren taak en de vragenlijst.
4. **Methodeselectie:** Bepaal het meest geschikte type bruikbaarheidstesten op basis van uw doelen en beschikbare middelen.
5. **De test uitvoeren:** Observeer gebruikers terwijl ze met het product omgaan, registreer hun acties en uitspraken.
6. **Gegevensanalyse:** analyseer verzamelde gegevens om bruikbaarheidsproblemen en suggesties voor verbeteringen te identificeren.
7. **Rapport schrijven:** testresultaten documenteren en aanbevelingen

presenteren.

Tips voor een goede bruikbaarheidstest:

- **Creëer een ontspannen omgeving:** de gebruiker moet zich op zijn gemak voelen.
- **Luister goed:** Observeer het gedrag van de gebruiker en luister naar wat hij zegt.
- **Vermijd het voorstellen van oplossingen:** laat de gebruiker het product zelf verkennen.
- **Maak gedetailleerde aantekeningen:** Leg alles vast wat er tijdens de test gebeurt.
- **Analyseer gegevens grondig:** zoek naar patronen en trends in gebruikersgedrag.

Handige hulpmiddelen voor bruikbaarheidstesten:

- **Schermopnamesoftware:** om gebruikersacties vast te leggen.
- **Videoconferentiesoftware:** voor het uitvoeren van tests op afstand.
- **Data-analysesoftware:** om testresultaten te analyseren.

Concluderend is usability testing een fundamentele methode om de gebruikerservaring te verbeteren. Door deze stappen te volgen en de juiste tools te gebruiken, kunt u waardevolle informatie verkrijgen om uw producten en services te optimaliseren.

Epic Fail en UX-ontwerp: hoe je ze vermijdt

Wat is een "Epic Fail"?

Een **epic fail** is een spectaculaire mislukking, een ernstige fout met significante en negatieve gevolgen, vaak van publieke aard. In de context van UX design kan een epic fail een applicatie zijn die niet werkt, een website die gebruikers verwart, of een digitaal product dat niet voldoet aan de behoeften van gebruikers.

Hoe je de kans op een epische mislukking in verschillende fasen van het UX-ontwerpproces kunt verkleinen

Om het risico op een epische mislukking te minimaliseren, is het essentieel om een rigoureus en gedetailleerd UX-ontwerpproces te volgen. Hier zijn enkele strategieën voor elke fase:

- **Onderzoek:**
  - **Definieer uw doelen duidelijk:** weet precies wat u met uw product wilt bereiken.

- **Betrek gebruikers:** voer interviews, bruikbaarheidstesten en ander onderzoek uit om hun behoeften beter te begrijpen.
- **Ideeënvorming:**
  - **Creatief brainstormen:** genereer een groot aantal ideeën en evalueer de meest veelbelovende.
  - **Rapid Prototyping:** maak eenvoudige prototypes om uw ideeën snel te testen.
- **Ontwerp:**
  - **Volg UX-richtlijnen:** pas bruikbaarheidsprincipes toe, zoals de 10 heuristieken van Nielsen (zie hieronder).
  - **Gebruik ontwerphulpmiddelen:** Gebruik hulpmiddelen zoals Figma, Sketch of Adobe XD om consistente, professionele ontwerpen te maken.
- **Ontwikkeling:**
  - **Nauwe samenwerking:** zorg ervoor dat ontwerpers en ontwikkelaars nauw samenwerken.
  - **Continue testen:** voer testen uit tijdens het hele ontwikkelingsproces om problemen te identificeren en op te lossen.
- **Lancering en na de lancering:**
  - **Monitoring:** Gebruik analysetools om het productgebruik te monitoren en eventuele problemen te identificeren.
  - **Continue updates:** verzamel feedback van gebruikers en breng regelmatig updates uit om het product te verbeteren.

De mini-epische mislukkingen

Hoewel ze niet de impact hebben van een grootschalige epic fail, zijn **mini epic fails** kleine ontwerpfouten die frustratie bij gebruikers kunnen veroorzaken. Bijvoorbeeld een knop die te klein is, tekst die moeilijk te lezen is of ontbrekende informatie. Deze kleine fouten kunnen, als ze niet worden gecorrigeerd, oplopen en leiden tot een slechte gebruikerservaring.

De tien heuristieken van Jakob Nielsen

Nielsen's Ten Heuristics zijn een set usability-principes die kunnen helpen om epic failures te voorkomen. Ze zijn ontwikkeld door Jakob Nielsen en Rolf Molich en worden nog steeds gezien als een referentie op het gebied van UX-design.

1. **Zichtbaarheid van de systeemstatus:** De gebruiker moet altijd op de hoogte zijn van de systeemstatus.
2. **Overeenkomst tussen het systeem en de echte wereld:** De taal en de gebruikte conventies moeten vertrouwd zijn voor de gebruiker.

3. **Controle en vrijheid voor de gebruiker:** De gebruiker moet zich vrij voelen om het systeem te besturen en eenvoudig handelingen ongedaan te maken.
4. **Consistentie en normen:** Het systeem moet zowel intern als conform de industrienormen consistent zijn.
5. **Foutpreventie:** Het ontwerp moet fouten helpen voorkomen en duidelijke en constructieve foutmeldingen bieden.
6. **Herkennen in plaats van herinneren:** de gebruiker moet items kunnen herkennen, niet hoeven te onthouden.
7. **Flexibiliteit en efficiëntie in gebruik:** Het systeem moet zowel snelle gebruiksmodi voor ervaren gebruikers als meer begeleide modi voor beginners bieden.
8. **Esthetiek en minimalistisch ontwerp:** het ontwerp moet eenvoudig en functioneel zijn.
9. **Help en documentatie:** Help moet gemakkelijk te vinden en te begrijpen zijn.
10. **Foutherkenning, diagnose en herstel:** fouten moeten eenvoudig te identificeren en te corrigeren zijn.

Concluderend kunnen we zeggen dat het essentieel is om een rigoureus UX-ontwerpproces te volgen om gigantische mislukkingen te voorkomen. Dit proces is gebaseerd op gebruikersonderzoek en de toepassing van bruikbaarheidsprincipes zoals de tien heuristieken van Nielsen.

www.ingramcontent.com/pod-product-compliance
Lightning Source LLC
La Vergne TN
LVHW051659050326
832903LV00032B/3913